Мастерская писателя yWriter5

Александр Макаров

2012

Александр Макаров
Азбука yWriter
издательство «Lulu»
© 2011 Все права защищены

«Я хочу, чтобы меня услышали и поняли еще до того, как сведу счеты с этим миром, ибо есть вещи, которые знаю только я один, и о которых, следовательно, никто не может рассказать лучше меня. Поэтому я не должен молчать... Мне хотелось привлечь к моей теории внимание максимального числа людей самых различных специальностей, чтобы обрести среди них последователей, которые бы повторили мои опыты и пошли дальше, и тем способствовали проникновению новых идей в повседневную жизнь. А заодно и в научные сферы».

А.И. Вейник

«Книга скорби»

Книга жизнеспособна лишь в том случае, если дух ее устремлен в будущее.
О. Бальзак

Введение

Время фантастических возможностей.

Настоящее чудо — незаметно.

Право на саспенс... Н. Елисеев

Настало время удивительных возможностей – не упустите его. Почему я начал писать эту книгу? Хороший вопрос. Если говорить откровенно, то все просто - более важной темы для книги я не нашел. С детства я мечтал стать писателем. Видимо, какие-то гены, перешедшие мне в наследство через предков россиян от Достоевского, Чехова, Толстого, а может, от дальней родственницы, детской писательницы начала двадцатого века, Софьи Макаровой, не давали мне покоя. Почти все нужное для того, чтобы засесть за роман, у меня уже было. Я любил читать, много знал, мог отлично рассказывать о прочитанном, иногда это получалось даже интереснее, чем в книжке. У меня была прекрасная фантазия, я легко выдумывал сюжеты и закручивал интригу. И другие важные для писателя качества, такие как усидчивость, чувство юмора, у меня тоже были. Одна беда - я не любил писать. Я читал в научно-фантастических романах, что процесс писания можно облегчить. Роль человека в процессе писания была сведена к минимуму - за человека писала машина. Вот цитата из любимой мною в те годы повести "Сила воображения" Клиффорда Саймака: *"С такой-то машиной, - сказал себе Харт, - человеку ничего не стоит прославиться практически за одну ночь. Он напишет все, что пожелает, и напишет хорошо, и перед ним распахнутся двери самых привередливых издателей..."*

Может, если бы я не прочитал эту повесть, так не рвался бы в писатели. Мне почему-то казалось, что книги легче писать, чем сочинение в школе. Сейчас знаю точно: интереснее, но совсем не легче. Это у Саймака жители Земли работают литераторами, пишут романы для жителей Галактики, и успех зависит от того, насколько мощную машину для писательства ты смог приобрести.

" - Заверяю вас, сэр, что вы нигде не найдете изделий лучшего качества. В этой машине предусмотрено все. В ней заложены миллионы вероятностных комбинаций, гарантирующих стопроцентную оригинальность продукции. Ни малейшей опасности сбиться на стереотип, что так характерно для многих более дешевых моделей. Сюжетный банк, взятый сам по себе, способен выдать почти бесконечное число коллизий на любую заданную тему. А смеситель характеров! Он учитывает тысячи оттенков, вместо ста или ста с небольшим, свойственных моделям низших классов. Семантический блок обладает высокой избирательностью и чувствительностью..."

Мне настолько понравились идеи, высказанные гениальным фантастом, что я еще будучи школьником предпринял кое-какие шаги по ускорению создания электронно-вычислительной машины, способной писать романы. В шестом классе прочитав книгу "Кибернетика стучится в дверь", я набрал проволоки и приступил к изготовлению катушек для реле. Реле должны были послужить основой для электронно-вычислительной машины. То, что для начала понадобится более десяти тысяч электронных реле, меня как-то не смущало. Вероятно, я мотал бы реле и по сей день, но к интересующему меня вопросу подключилась фирма ИБМ, потом Билл Гейтс и масса других менее известных программистов. Они изготовили персональные ЭВМ и насочиняли массу программ, в том числе и для продвинутых писателей. Оставалось только во всем этом как следует разобраться и выбрать те, которые помогут написать бестселлер, чем я последние лет пять-семь и занимался. Находил программы для писателей, исследовал их и даже написал с помощью таких программ книжки. Прямо как академик Павлов. Но он все больше на собаках, а мне приходится испытывать на себе. А теперь хочу поделиться этими наработками с вами, уважаемые читатели.

Машин для сочинения романов у нас пока еще не придумали, но программы для обычного ПК есть весьма интересные. Написание книги длительный и трудный процесс. Чтобы облегчить жизнь всем тем, кто может и хочет писать, придумано множество компьютерных инструментов. Существуют специальные компьютерные программы для построения динамичного сюжета, подбора имен персонажам, выбора броского названия, обработки готового текста и т.д. И я хочу вас с одной из таких программ познакомить. Сделать я это попытаюсь быстро и по возможности весело. Те из вас, кто любит покупать толстые справочные руководства «про запас», могут мою книжку сразу отложить в сторону.

Она предназначена для того, чтобы быстро научить, а не для того, чтобы откупившись покупкой дорого мануала отложить получение знаний «на потом».

Когда я работал над проблемой быстрого обучения в «Центре Новых информационных технологий», я понял, насколько важно дать человеку первоначальные навыки для того, чтобы он мог применить их на практике. Тогда обучение идет быстро и толково. Лучше всего начинать обучение с небольшой воодушевляющей истории. Она позволяет эмоционально настроиться и с большим интересом воспринимать теорию.

Как писал французский писатель, Антуан Сент-Экзюпери:

Если ты хочешь построить корабль, не надо созывать людей, чтобы все спланировать, разделить работу, достать инструменты и рубить деревья, надо заразить их стремлением к бесконечному морю. Тогда они сами построят корабль.

Я расскажу, как здорово и прикольно работать с программами для писателей, и современные Толстые напишут множество гениальных романов. От этого мир станет светлее и лучше.

А любителям толстых мануалов по программированию скажу, спасибо, что покупая солидные и дорогие книги, они не только повышают свой престиж, но и поддерживают книжную индустрию. И это тоже не мало…

* * *

Долой MS Word?

> Человек всегда считал себя умным - даже когда ходил на четвереньках и закручивал хвост в виде ручки чайника. Чтобы стать умным, ему надо хоть раз основательно почувствовать себя дураком.
>
> *К. Прутков-инженер, мысль №59* **Владимир Савченко**

Если вы любите книги и давно работаете на компьютере, то знаете, как сложно в MS Word читать большие работы.

Во-первых, сами файлы, имеющие достаточно большой размер, открываются достаточно долго, во-вторых, Word начинает проверять орфографию, и если ошибок, по его мнению, слишком много, то документ может и не открыться вовсе. Поэтому скачанные вами из Интернета книги обычно имеют другой формат.

Ну а писать в MS Word роман или диссертацию еще более неудобно, а часто и небезопасно. MS Word рассчитан на офисные документы, в которых самое большее несколько десятков страниц. С первой, второй главой вашей книги он еще справляется вполне сносно. Но время идет, книга растет, с каждым разом документ открывается все дольше и дольше. Из шустрого аквалангиста, программа превращается в глубоководного водолаза, где каждое действие производится с трудом. Это начинает раздражать и тормозит работу. Частое явление в больших документах - это самопроизвольное исчезновение иллюстраций (особенно в конце документа) и ошибки с автоматической нумерацией страниц. О том, чтобы вернуться к варианту, с которым вы имели дело полгода назад, не может быть и речи. Да и других фишек, которые помогут сохранить, переставить отдельные части произведения и помочь писателю с работой над романом в MS Word немного.

При этом на разных компьютерах ошибки MS Word при работе с большими документами проявляются по-разному и требуют индивидуального решения. Даже в последнем MS Word 10, если вы вставите какое-то из этих, достаточно распространённых слов,

ельцинизма
задобреет
зарубежом
колбасит

Они будут подчёркнуты красным и вам предложат их заменить на нечто смешное или совсем непристойное:

ель цинизма
зад обреет
заруб ежом
кол басит

А в предыдущих версиях таких замен предлагалось еще больше.

Но самое неприятное не это. Достаточно одного сбоя в питании компьютера и результат годичной работы пойдет насмарку. Не лучше, а, пожалуй, еще хуже обстоят дела при работе с большими документами у программы Writer из пакета OpenOffice и других аналогичных разработках. Писатели, понимая это, пишут текст отдельными главами, сохраняют черновые и чистовые материалы в отдельных папках, потом мучаются, пытаясь собрать из этих пазлов роман.

Глупо отказываться от привычной среды MS Word, но при работе над романом, хорошо бы привлечь и сторонние средства, рассчитанные для профессиональных авторов. Таких программ существует уже больше сотни. Для них в Википедии придуман специальный термин – программы ассистенты писателя.

С программой, которая по многим рейтингам занимает среди «ассистентов писателя» одно из первых мест, мы познакомимся в следующем разделе.

* * *

Волшебник – yWriter 5

Добро пожаловать в yWriter!

В заботе о ближнем, главное - не перестараться.

Владимир Савченко

Программа yWriter по праву занимает во многих обзорах компьютерных программ для писателей первое место. Большинство писателей, использующих специальные компьютерные программы, дают о ней хорошие отзывы и используют yWriter в своей работе над текстом. Конечно, бывают с ней и проблемы, но для того и писалась эта книга, чтобы вы могли знать, как извлечь из программы yWriter максимум пользы, а проблемы обойти или исправить последствия с наименьшими потерями.

Симон Хейнс, так зовут создателя программы yWriter. Он писатель и программист, автор приключенческих романов и лауреат нескольких литературных премий. Родился в Великобритании, вырос на юге Испании. Симон эмигрировал в Австралию с семьей в 1983 году. Он один из основателей литературного журнала. Сейчас живет в австралийском городе Перте с женой и двумя детьми.

И все свои произведения Симон написал, используя программу yWriter. Когда он работал над первым романом, то писал текст в Word. Сначала у него все шло неплохо, страницы одна за другой вылетали из-под клавиш. Но время шло - роман рос, увеличивалось количество сцен и персонажей, и Симон начал путаться между сценами. Тогда он попробовал сохранять вновь написанную главу с большим длинным именем. Симон думал, что это поможет быстро находить нужное место в романе, но это оказалось неудобным. Он с трудом ориентировался между тридцатью двумя файлами романа. В конечном итоге Симон понял, что надо написать специальную программу для писателей.

Программа yWriter5 является результатом 7-и лет исследований и разработок специального программного обеспечения для писателей. Она выглядит простой, но Симон гарантирует, что yWriter5 имеет все нужные инструменты для того, чтобы сделать из вашего первого романа бестселлер. Она разработана, чтобы помочь авторам легко управлять произведениями любой длины и сложности. В yWriter вы сразу видите всю вещь целиком и легко можете что-то исправить или добавить в любой части произведения. К тому же программа сохраняет все результаты предыдущих правок, и вы можете вернуться к отвергнутому ранее результату. В ней есть еще множество приятных возможностей. Например, вы можете распечатать так называемые "суммарные карты". Для нас этот термин мало что говорит, а почти каждый уважающий себя американский автор всю дорогу таскает их с собой. На каждой карте глава или несколько сцен из будущего романа. Если выдастся свободная минутка, то нет для писателя более интересного занятия, чем попробовать переставить сцены местами или добавить туда что-то новое. Такие карты значительно удобнее, а главное нагляднее, чем блокнот.

Последние версии yWriter5 используются не только для написания книг, но и для пьес, сценариев и даже имеются специальные настройки для составления проповедей.

Официальный сайт программы **http://www.spacejock.com/** Спейсджок (Spacejock) название серии книг, над которой Симон Хейнс работает. Он намерен опубликовать в этой серии не менее пятнадцати книг.

Описание программы на английском языке находится:
www.spacejock.com/yWriter5.html

Связаться с создателем программы и задать вопросы по ее работе можно здесь:

http://www.spacejock.com.au/contact.html

Есть группа пользователей в Гугле, посвященная программе yWriter5:

http://groups.google.com/group/ywriter/about?pli=1

В группе почти тысяча пользователей. Основной язык английский. Там Вы можете найти ответы на многие интересующие вас вопросы.

Кроме программы yWriter 5, Симон Хейнс разработал множество других компьютерных программ, подходящих для писателей.

Качаем и устанавливаем!

> Я параноик наоборот. Я подозреваю, что люди вступают в сговор, чтобы сделать меня счастливым.
>
> «Выше стропила, плотники!» **Джером Сэлинджер**

Итак, первое, что вы делаете, это скачиваете с сайта http://www.spacejock.com/ последнюю версию данной программы. На данный момент это пятая версия, и находится она на страничке:

http://www.spacejock.com/yWriter5_Download.html

Программа небольшая - всего около 2 Мб, устанавливается под операционные системы Win98, ME, Win2K, Windows-XP, Vista, Windows 7, не требовательна к ресурсам компьютера и совершенно бесплатна.

Программа скачалась на ваш компьютер в виде исполняемого файла yWriter5Full.exe.

Дважды кликаем по нему и устанавливаем в папку. Перед установкой рекомендуется закрыть все другие программы.

По умолчанию программа устанавливается на диск C в директорию Program Files.

C:\Program Files\yWriter5

Конечно, вы можете поменять установочную директорию. Это делают обычно, когда на диске «C» мало места.

На рабочем столе появится такой значок:

Откроем программу двойным щелчком по этому значку и увидим:

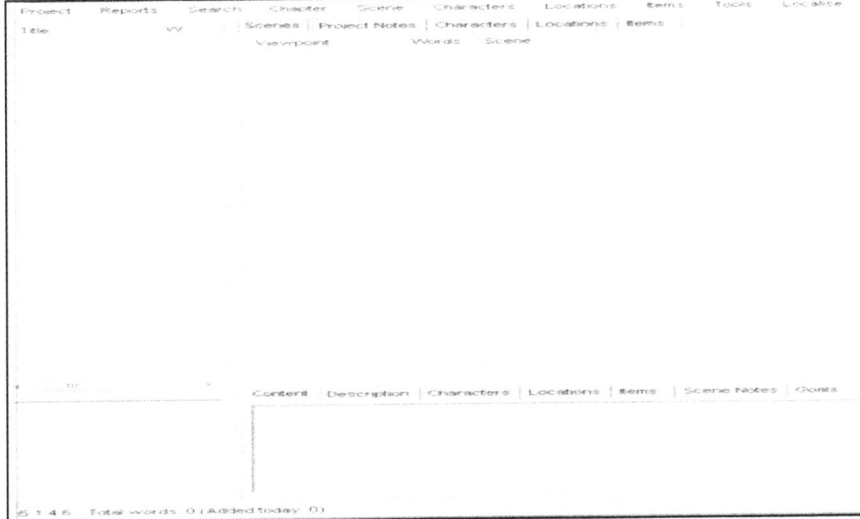

Все основные функции программы находятся в верхнем меню.

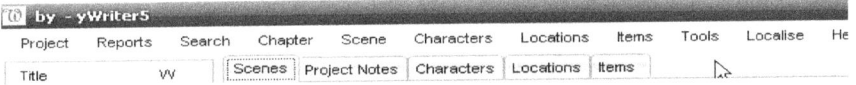

Программа англоязычная, но в последней версии yWriter - 5 здесь есть и русскоязычный интерфейс.

Для начала локализуем версию, т.е. заставляем ее стать более понятной, заговорить по-русски. Это просто. Нажмем «Localise» в верхнем меню.

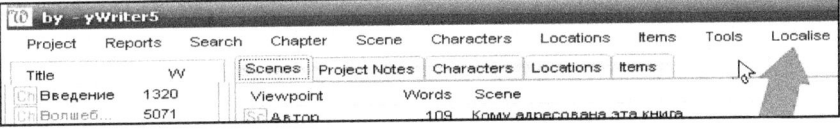

Выберем в выпадающем меню Choose Language русский язык.

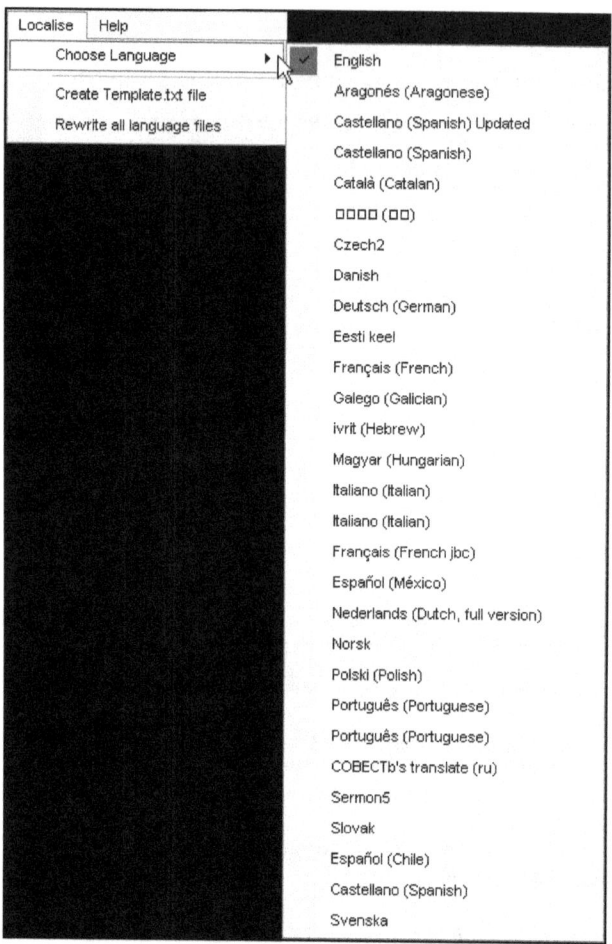

Это слово Совесть. В варианте, который идет в упакованной версии программы yWriter – 5, другой русификатор, там нужно выбрать Russian. Эти версии несколько отличаются друг от друга, но отличия эти не значительны.

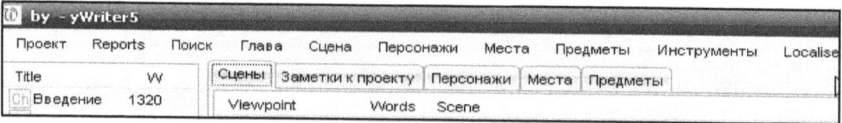

Все, в меню появился русский интерфейс, и программа готова к работе.

Как работать с новым проектом

Итак, вы установили русский язык в yWriter5, теперь надо быстро освоиться с программой. После локализации выбираем в верхнем меню «Проект» подпункт «Мастер создания проектов». Он вежливо предложит создать новый проект.

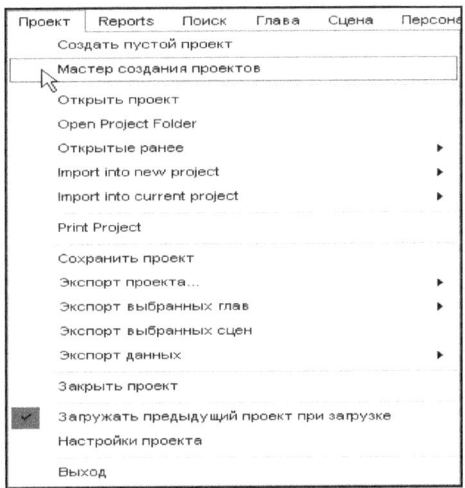

Лучше всего последовать советам «Мастера создания проектов». Этот мастер поможет вам настроить новый проект yWriter. Следуем предложенным трем шагам.

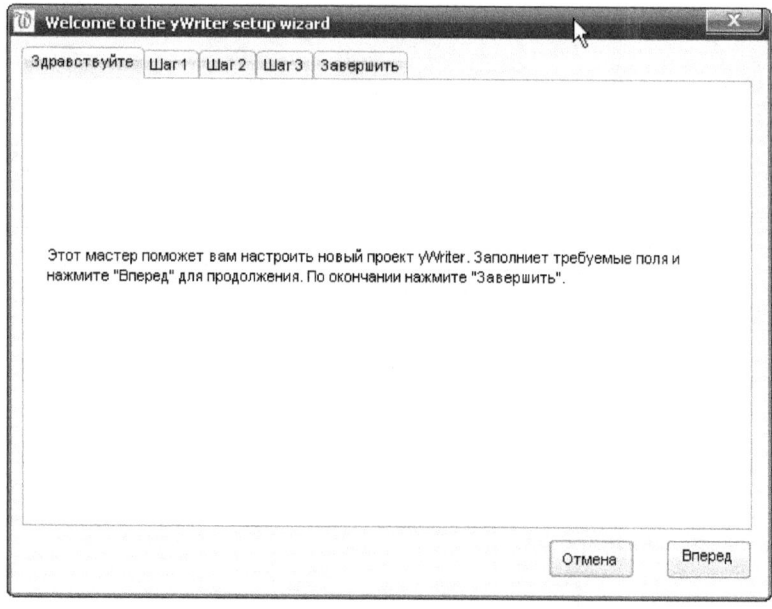

Заполните требуемые поля и нажмите "Вперед" для продолжения. Придумываем название, вставляем фамилию и сохраняем проект.

Придумываем название.

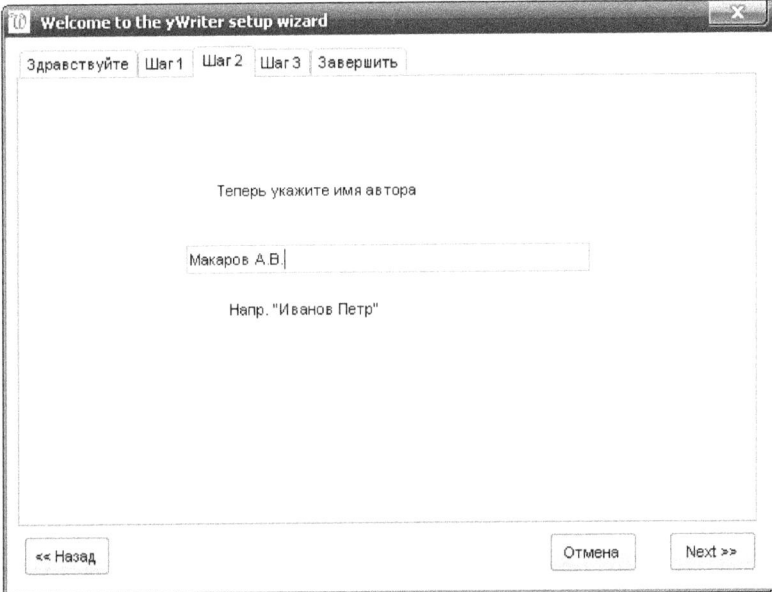

Вставляем фамилию, имя и отчество.

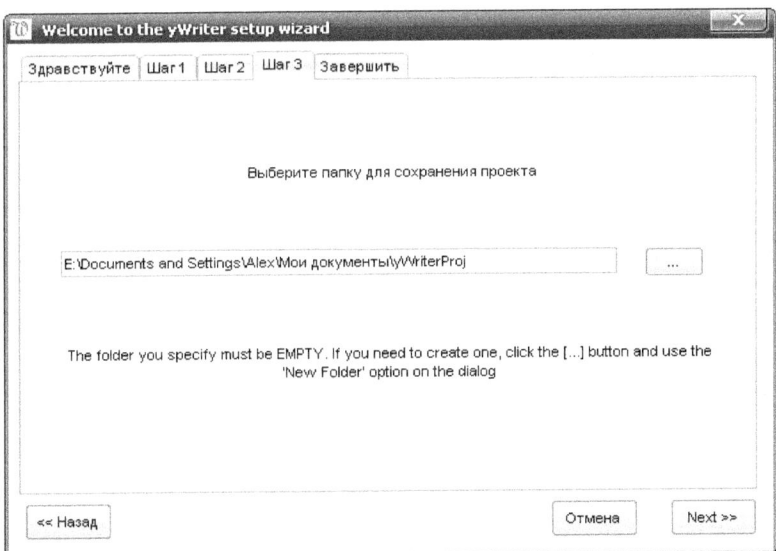

Выбираем место хранения проекта. Вы можете оставить предложенный путь и название проекта, а можете выбрать свое. Если папки с таким именем не существует, yWriter5 предложит ее создать. Для ее создания нажмите «Да». Это как в загсе – коротенькое слово, и вся жизнь поменялась.

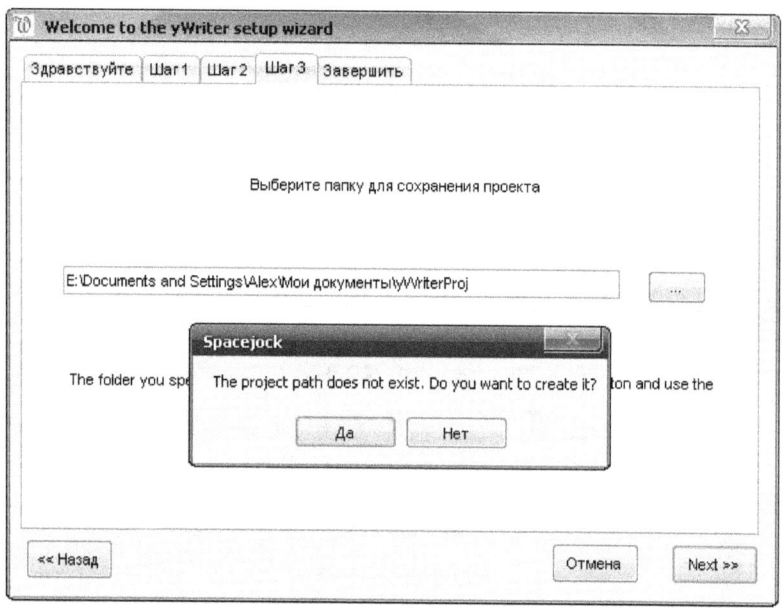

Внимание! Мастер создания проектов по умолчанию выбирает для сохранения проекта папку «Мои документы». Для того чтобы программа yWriter5 могла открыть последний проект по умолчанию, путь и название должны быть написаны латинскими буквами.

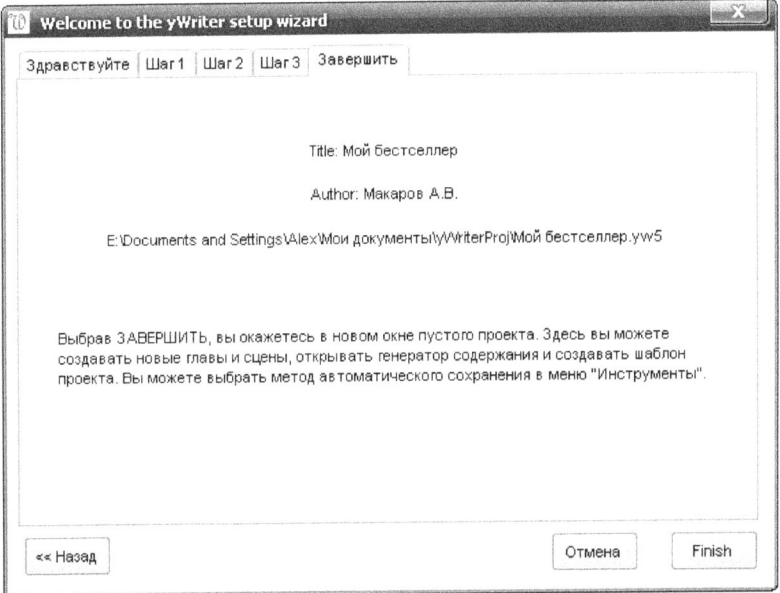

По окончании нажмите **Finish** - "Завершить".

Первый шаг к созданию вашего бестселлера сделан. Как видите, он не был труден. Чем же еще программа сможет помочь автору романа?

* * *

Создаем идеальный текст.

> Я всегда был твёрдо уверен, что мышь, обжегшись искрой, летящей от фейерверка, хромает восвояси с готовым, безукоризненно продуманным планом, как убить кота.
> «Голубой период де Домье-Смита» ***Джером Сэлинджер***

Итак, мы создали новый проект и разместили его на компьютере. Но пока он девственно чист. Что же нам надо? Нам надо придумать персонажей, втянуть их в серию конфликтов и все это более-менее правдоподобно описать на бумаге. Это если мы пишем художественную прозу. Как это делается, хорошо рассказано в методе «Снежинка», но о нем я расскажу позже. Если же вы пишете научную книгу или научно-популярную, то вам подойдет «луковичный метод», о котором написал Ричард Вебстер (Уэбстер), автор книги для писателей **"Как написать бестселлер».** Это практическое руководство для желающих написать бестселлер. Название главы он пишет в центре страницы, а потом окружает ее другой информацией, используя стрелки и соединяющие линии. Постепенно он добавляет все новые и новые слои вокруг середины, пока "луковица" не будет полностью укомплектована. Таким образом, он пишет все главы для книги, а когда они готовы, то составляет план, который тоже неоднократно меняет и перестраивает до тех пор, пока не поймет, что пришло время писать книгу.

Несмотря на ореол таинственности, окружающий процесс писания, большинство книг могут быть сочиненные следующим образом. Разбейте роман на главы, а каждую главу на сцены. Потом найдите цель каждой сцены, определите, кто и от кого хочет там чего-то добиться, и определите последствие конфликта.

Примечание. Сцена - весьма симпатичная часть, чтобы с ней работать. Она - маленькая и четкая. Вы можете идти от сцены к сцене, двигаясь к концу вашей книги. Вы можете также пропускать всю сцену целиком и идти дальше, если что-то с написанием не ладится.

При планировании произведения в программе yWriter вы разбиваете его на главы, а затем на маленькие фрагменты. Потом вы разделяете те на все меньшие и меньшие части, пока с каждой частью вам не станет работать легко. Конечно, вы не хотите утратить особенности полного проекта, тогда вы даете себе ясные очертания для каждой части произведения. Программа yWriter это оболочка создания из маленьких частей цельного произведения.

Но какой бы метод написания книги вы не выбрали, главное, о чем надо подумать, это то, что все, написанное вами, должно быть сохранено. Книга - это не статья, над книгой вам придется работать очень длительное время. Вы будете сотни раз открывать файлы с книгой, десятки раз изменять текст, сохранять и изменять данные. Не хочу вас пугать, но за это время могут произойти сбои как в операционной системе, так и в программах и оборудовании. У вас бывают сбои в работе операционной системы? А перебои с электроэнергией случаются? А антивирус со своей задачей всегда справляется? Вы пускаете за рабочий компьютер детей? Нет, пускаете. Это был всего лишь ваш любимый пожилой дядюшка, которому надо было только проверить почту, и он ногой задел шнур питания. И вы дадите такой нелепой случайности свести на нет результаты годичного труда?

Поэтому ваш долг позаботиться о сохранности созданного вами произведения. Какими бы надежными не были средства хранения и архивирования, информацию надо обязательно дублировать. Я, например, каждые несколько дней сбрасываю рукопись книги на флешку, а раз в неделю еще и отсылаю копию текста на свой почтовый сервер. Такие предосторожности никогда не бывают лишними. Кто предупрежден – тот вооружен.

Внимание! Старайтесь всегда сохранить ваши материалы различными надежными методами. Обязательно дублируйте написанное.

Мы отправляемся в путешествие к новым неизведанным берегам. Книга - это как путешествие, и много чего неизведанного ждет вас впереди. Как сказал когда-то писатель Томас Кенели: "Когда начинаешь писать роман, то словно идешь на футбольный матч. Заранее знаешь, в чем смысл игры, и каковы ее элементы, но никогда не можешь предвидеть, что произойдет. Результат узнаешь, только когда игра закончится".

Итак, приступим. Для начала создаем первую главу.

Для этого в верхнем меню «Глава» открываем подпункт «Создать новую главу».

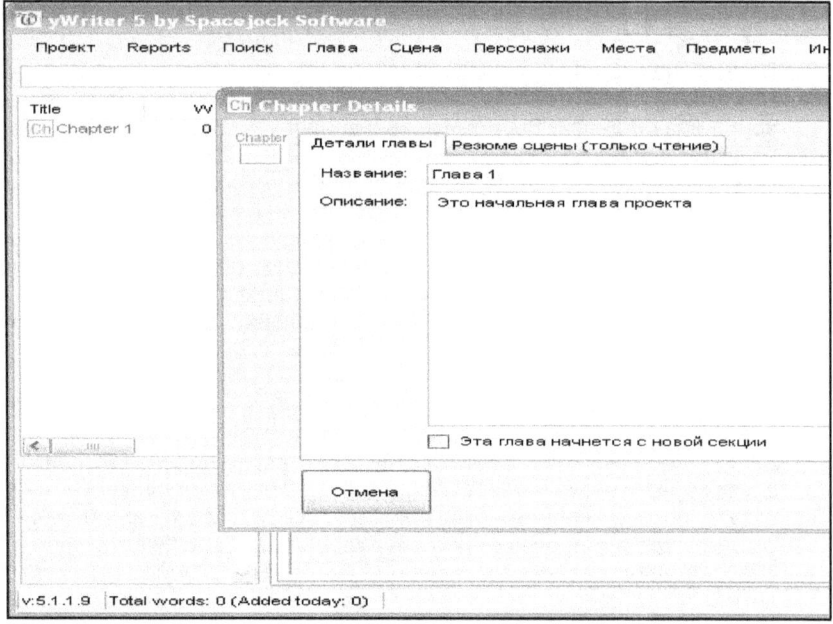

По умолчанию первая глава называется: «Chapter 1». В открывшемся окне изменяем название главы с «Chapter 1» на что-то для нас более приемлемое. Например, пишем «Глава 1».
Галочку рядом с надписью «Эта глава начинается с новой секции» не ставим.

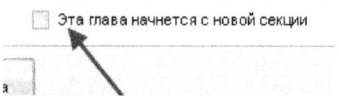

Эта функция нужна для написания сценариев. В окошке «Описание» в нескольких предложениях описываем содержание данной главы. В секции «Резюме сцены», пока ничего нет. Когда вы напишите для вашей главы несколько сцен, там автоматически появятся записи, состоящие из заметок к вашим сценам. Для начала этого достаточно. Глава состоит из отдельных сцен, но мы сцены для первой главы пока писать не будем.
Мы переходим к созданию персонажей.
Для этого в верхнем меню «Персонажи» выбираем «Add new».

Появляется окошко.

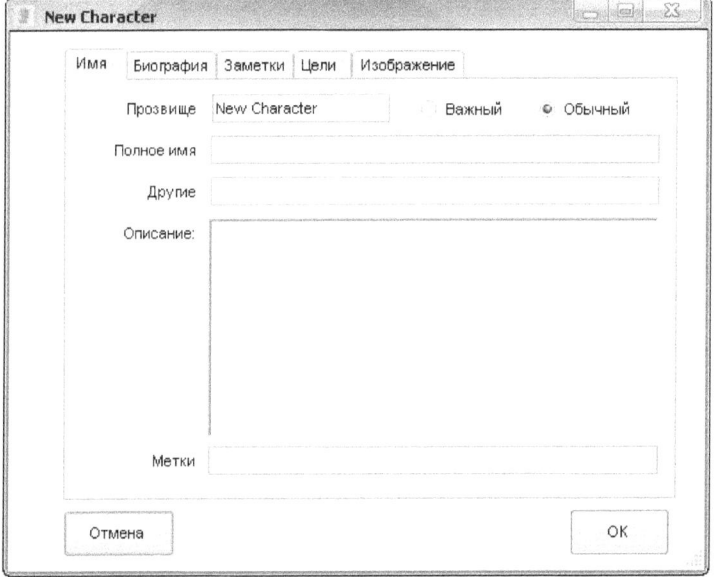

В нем и создаем первый персонаж. По умолчанию в поле для имен стоит «New Character», заменяем его именем главного героя. Даже если вы пишите научные книги, у вас все равно есть главный герой. Этот герой, от имени которого и ведется повествование, это вы сами. Поэтому для авторов научных и научно-популярных книг я рекомендую создать по крайней мере один персонаж с именем «Автор» и не забыть поставить отметку в поле «Важный». Дальше пишем полное имя персонажа, прозвище, кличку, основные жизненные цели, биографию, особенности характера, вставляем изображение. Все эти сведения нам пригодятся при дальнейшей работе над романом. Лучше будет сразу создать записи и для других персонажей, чтобы в дальнейшем не забыть, кто из них жив, а кто погиб, кто до конца будет сражаться, кто струсит. А то если в середине романа вы перепутаете отчество главного героя, образ может получиться не слишком убедительным. Я имею в виду не образ главного героя, а ваше реноме как писателя.

После этого надо создать описание места действия и предметов, вокруг которых происходят конфликты. Делается это аналогично созданию персонажа.

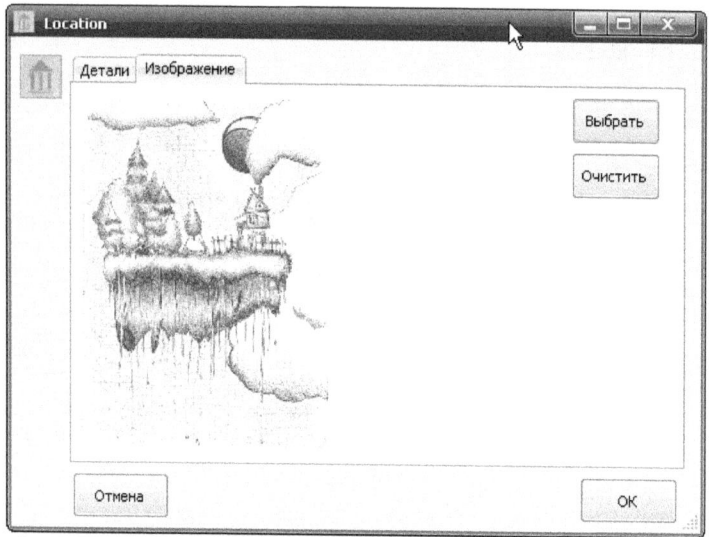

Далекие миры и артефакты героев добавляются в верхнем меню, нажимая на «Места» и «Предметы».

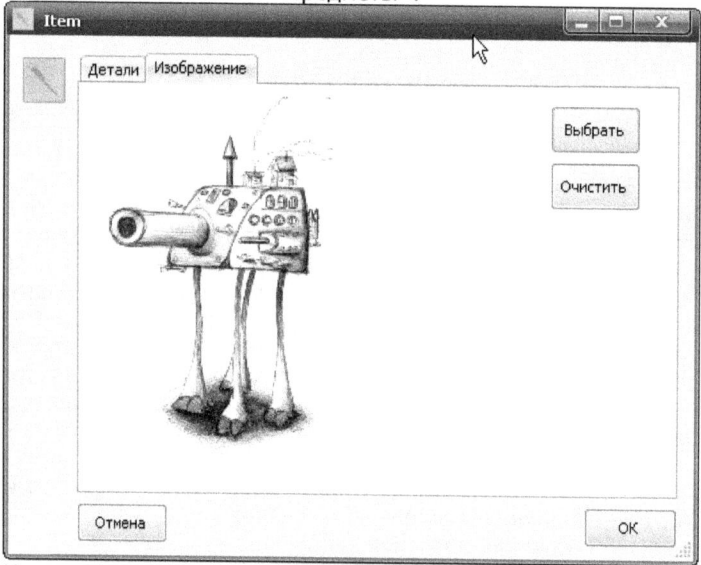

Наверняка такие функции будут полезны авторам многотомных научно-фантастических романов, где у героев десятки видов оружия, начиная от клинков и арбалетов и заканчивая супер-бластерами, с непроизносимыми названиями. Создание базы данных таких вооружений - увлекательное занятие и само потом может послужить прекрасным дополнением к роману. А страны и миры, где побывает герой, это просто

песня дальних странствий, зовущая вдаль. Не упустите возможность вдоволь поиграть воображаемыми мирами.
Если хотя-бы один персонаж создан, то самое время приступить к созданию первой сцены. Для этого в верхнем меню «Сцена» открываем подпункт «Создать новую сцену».

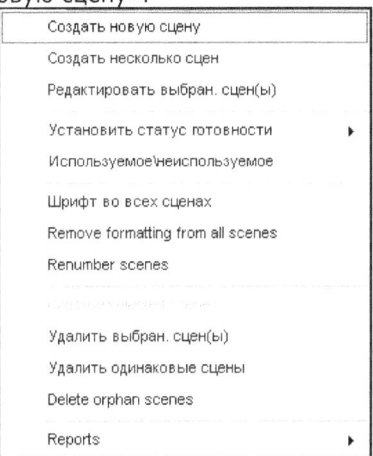

Как только мы нажмем «Создать новую сцену», мы попадем в редактор сцен «Content». Он состоит из главного меню редактора

Под ним идут два окошка, отображающие главы и сцены.

Окно для текста имеет много значков для работы с текстом, знакомым нам по MS Word. Из незнакомых нам обозначений - значок в виде треугольника. Он для воспроизведения текста с помощью голоса через динамики. Для писателя полезно прослушать написанное им пусть даже голосом робота. Английский вариант у меня работает, а для того чтобы программа заговорила по-русски, нужен специальный голосовой движок.

Рядом кнопочка для выбора настроек голосового движка и кнопка HL для подсветки выбранного текста.

В меню, расположенном над окном для текста, уточняем, какие персонажи относятся к данной сцене, какие места и предметы из книги будут отражены в данной сцене. Во время редактирования персонажей, мест действия и предметов, для введения их в данную сцену – просто перетаскиваем их из правой части окошка в левую.

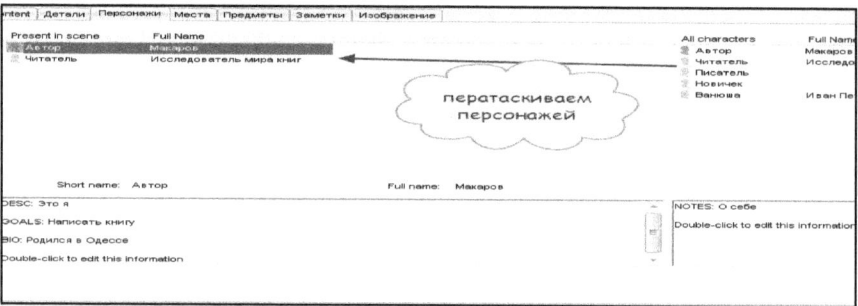

В редакторе сцен «Content» и пишем текст первой сцены. Для начала меняем название сцены «New Scene» на тот заголовок, который подходит для вас. К примеру, первая глава может начинаться с «Введения», «Предисловия», «Описание места действия» или «Пролога». Выбирать вам. Пишем текст.
Под текстовым полем два длинных окошка.

«Перспектива», здесь мы выбираем персонаж, от которого ведется повествование в данной сцене.
В окошке «Scene Title» мы как раз и можем дать название для нашей сцены.
В меню текстового редактора «Детали» уточняем детали данной сцены. Там многие термины остались не переведенными, как, например, «Goal» обозначает «цель» данной сцены. В поле «Ratings» четыре поля, в которых вы можете выставлять оценку сцены по параметрам «Relevance» - «Соответствие», « Tension» - «Драматизм», « Humour» - «Юмор», « Quality»- «Качество».

Самыми важными в вкладке «Детали» являются термины поля «Статус». Где «Draft» означает «Черновик», «Outline» значит «План», дальше соответственно - 1-я и 2-я редакции и окончательный вариант -«Done», что означает «Готово». От того, что Вы здесь выберете, зависит готовность вашего бестселлера. О типах сцены, выбираемых во вкладке «Детали», мы поговорим отдельно.

Вот постепенно переделывая сцены, вычитывая и исправляя, движемся к окончанию романа. При этом в пункте «Reports» устанавливаем «Цель» - количество знаков, которые должны быть написаны ежедневно.

Программа сохраняет все результаты вашей работы и позволяет легко ориентироваться между главами и сценами, да и созданные персонажи всегда под рукой.

* * *

Быстрый старт и маленькие хитрости.

Жизнь коротка. Ее едва хватает, чтобы совершить достаточное количество ошибок. А уж повторять их - недопустимая роскошь.

Владимир Савченко.

В этой главе мы рассмотрим быстрый алгоритм запуска вашего произведения в работу, хитрости в настройках программы и те затруднения, которые могут вам встретиться при работе с ней. Что вызывало первоначальные затруднения в пользовании программой yWriter 5?

1. Не все сразу понимают порядок создания произведения в программе.

Лучшим порядком создания является, на мой взгляд, следующий:

Мастер создания проектов ->Создание 1-й Главы -> Создание Персонажей, Мест, Предметов ->Создание Сцен 1-й Главы -> Создание 2-й Главы -> Создание Сцен 2-й Главы -> …. и т. д.

Большинству же тех, кто, попробовав установить программу, сразу отказался от нее, пытаясь, создав 1-ю Главу и не создав еще 1-ю Сцену, сразу писать в этой главе, удивляясь скудности инструментов, напоминаю, что текст произведения пишется в сценах, где их потом легко переставлять и править.

2. На некоторых версиях Windows требуется наличие на компьютере установленного приложения Microsoft Framework. Это такой компонент, который осуществляет правильную работу многих приложений Windows. О том, какие версии нужны для правильной работы программы, можно прочитать на сайте производителя данной программы

http://www.spacejock.com/dotnet.html

Там написано, что использовать нужно версию Framework не ниже второй.

Скачать последнюю версию Microsoft Framework можно с сайта Майкрософт:

http://msdn.microsoft.com/en-us/netframework/aa569263.aspx

3. Есть и еще проблема - некоторые из функций экспорта уже готового текста некорректно работают с русскими шрифтами, т.е. сохранить текст в формате HTML или TXT будет проблематично. Все придется сохранять в формате RTF, с ним проблем обычно не бывает.

4. Экспорт проектов, созданных в старых версиях программы, бывает затруднен или вообще невозможен.

5. В версии 5 нашей программы для сохранения лучше использовать англоязычный путь. Типа:

C: \ Moi dokumenti \ yWriterProjects \ MyNovel1 \

С этой проблемой некоторые успешно борются с помощью правильного подбора нужного шрифта на вкладке, хотя не у всех это получается

Еще парочка полезных советов и замечаний:

1. Персонажи в сцене добавляются в сцену в пункте «Детали» - перетаскиванием.

2. Если в пункте Инструменты -> Архивация ->Установить авто-архивацию сцен - выбрать второй пункт - это может занять слишком много места на жестком диске.

3. Каждому проекту нужно создавать свои собственные папки! Иначе вы рискуете новым проектом заменить существующие!

Дать каждому проекту свои собственные папки желательно на английском языке. Вот так, например:

C: \ Moi dokumenti \ yWriterProjects \

MyNovel1 \ (проект 1 здесь)

MyNovel2 \ (проект 2 здесь)

MyNovel3 \ (проект 3 здесь)

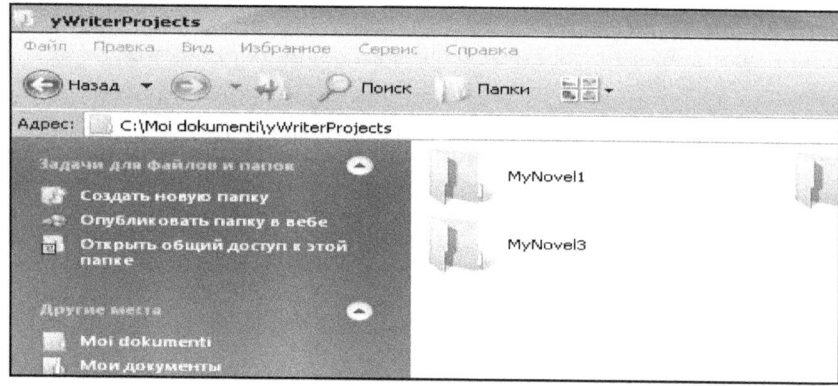

4. Выбирая проект, помните, что при импорте всё содержимое будет перезаписано содержимым импортируемого файла.

5. Когда вы открываете вкладку «Детали» при редактировании сцены, я бы графу «Перспектива» обозначил как «Точка зрения», т.е. точка зрения того из персонажей или точка зрения автора, от имени кого ведется повествование в данной сцене.

6. Как автор программы работает над своей книгой, можно посмотреть, открыв пример, который идет вместе с программой. Этот проект установился в папке «Мои документы» под названием yWriter5 Sample. Открыв там исполняемый файл, вы увидите, как Симон Хейнс начинал работу над новой книгой, используя программу yWriter5.

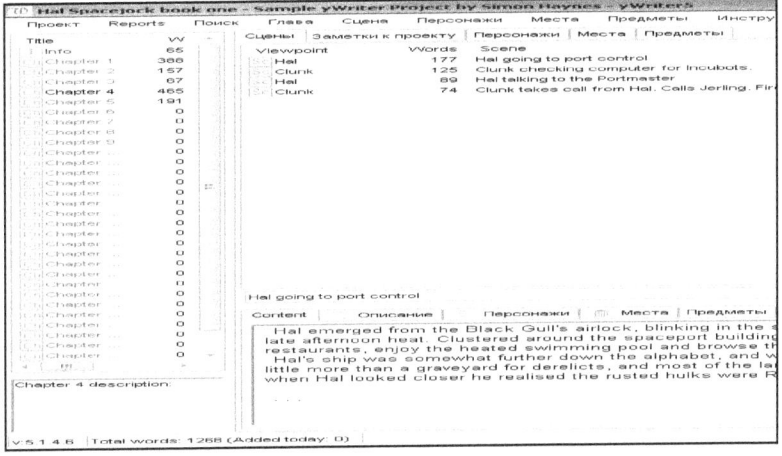

7. Сохраните результаты работы на нескольких независимых друг от друга местах, не только на компьютере. Это могут быть, CD/DVD диски, флешки, карточки памяти, специальные файлы-хранилища в Интернете. В конце концов можно время от времени посылать самому себе письмо с текстом книги по электронной почте.

Совет. Советую для интерфейса выбрать самый маленький шрифт. Так вам будет виднее, ведь на экране весь роман целиком. Делается это в верхнем меню «Инструменты».

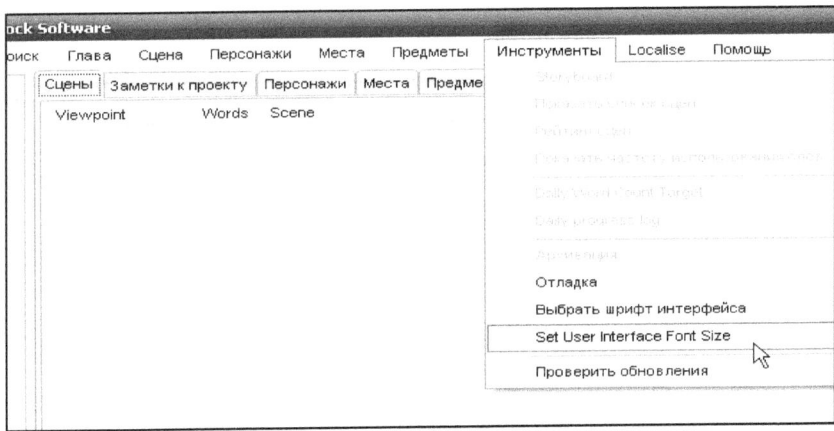

Выбираем высоту шрифта равную 8.

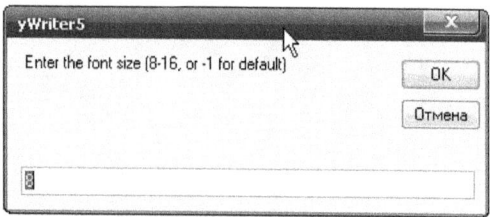

С таким маленьким шрифтом лучше работают функции выбора персонажей, предметов и места действия.

8. Если программа не закрывается и говорит вот это

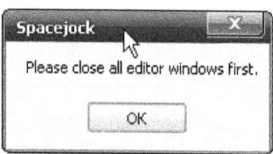

То она просто требует первоначально закрыть окно редактирования сцены. Закройте это окно и можете спокойно выходить из программы.

* * *

Word в помощь.

В программе yWriter 5 есть функция непосредственной работы и редактированию созданных текстов в MS Word. То есть если вам не удобно работать с текстом в интерфейсе программы yWriter 5, то вы просто можете открывать и работать с ними в MS Word. Кликните правой мышью на выбранной сцене (В саму сцену для редактирования входить не надо!) и в открывшемся контекстном меню выберите пункт "Открыть стандартным RTF редактором".

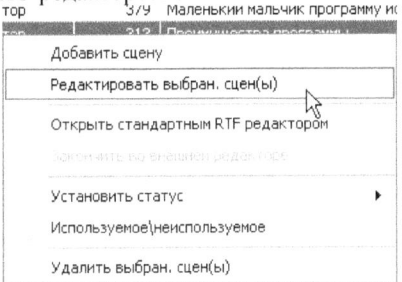

Текст откроется в программе, которая в системе работает по умолчанию с RTF файлами. Поэтому, если вас выбросит не в любимый вами MS Word, а в ненавистный Вордпад, внесите соответствующие изменения в системные настройки.

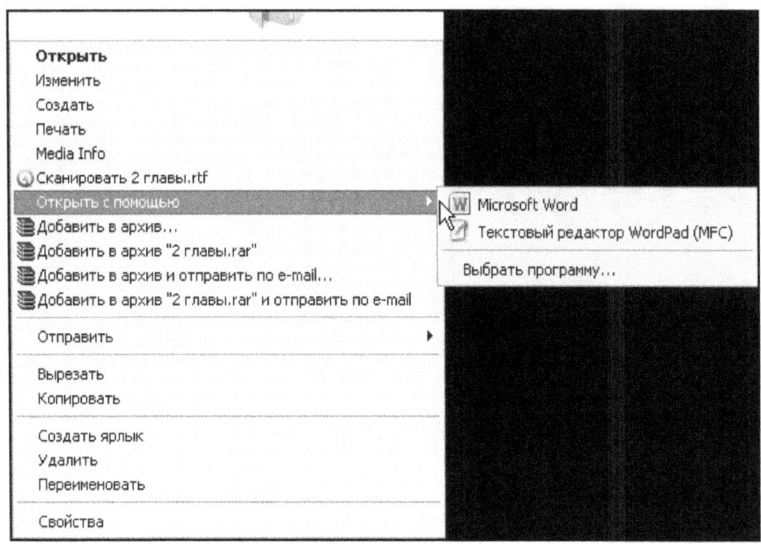

Внимание! Поработав во внешнем редакторе и сохранив измененный файл, не забудьте снова войти в то же контекстное меню и выбрать пункт "Закончить во внешнем редакторе". Без этого вы не сможете корректно закрыть программу YWriter.

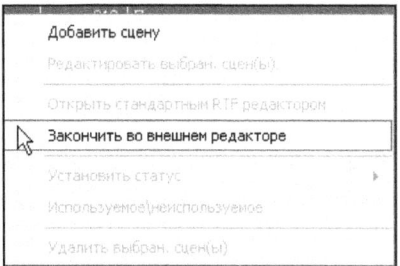

Все текстовые файлы хранятся в папке, которая будет называться "RTF5". То есть вы можете зайти в папку проекта найти там папку "RTF5" и непосредственно отредактировать там документы любимым MS Word. Очень впечатляет и то, что после того как вы измените шрифт и его размер в текстовых файлах MS Word, эти же изменения отобразятся и под интерфейсом программы yWriter.

При работе с внешними редакторами к сожалению возможен сбой кодировок - в сохраненном файле появятся так называемые кракозябры. Самый простой способ не потерять текст и время: до выхода из внешнего редактора сохраните весь текст в буфере обмена. Вернитесь в yWriter, войдите в режим встроенного редактора и, если в тексте есть проблемы, просто замените его на сохранённый в буфере. Кракозябры пропадут и больше не появятся. Подробнее о том, как бороться с неправильной кодировкой в главе «Борьба с Кракозябрами».

* * *

Фильтруй базар.

Боремся с "паразитами".

Как сказал Леонид Сухоруков: «Жулики - это **паразиты** глупости». А есть и слова-жулики. С виду слово как слово, на самом же деле паразит. Такие слова в нашей книге - это еще результаты невнимательности, а часто и лени. Опытный писатель скажет, что текст надо многократно вычитывать, читать вслух, бороться со словами-паразитами. Для облегчения этого процесса в программе есть специальные инструменты.

Один из этих инструментов - это подсчет частоты тех слов, которые вы использовали в созданном тексте. На вкладке «Инструменты» выберите «Показать частоту использования слов».

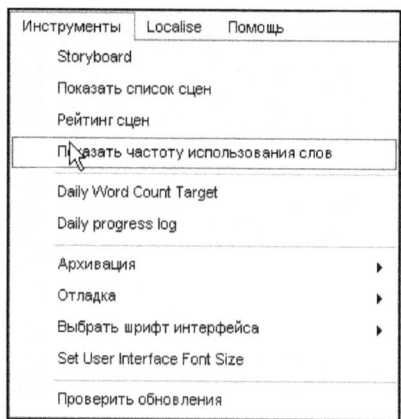

У вас появится вот такое окошко.

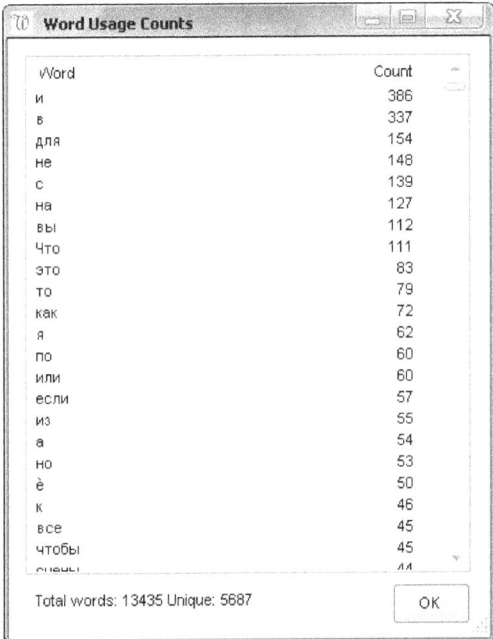

Воспользуйтесь этой функцией и проверьте, не слишком ли часто вы используете слова:

ЭТО, ЭТА, ЭТИ, ЭТОТ, ЭТИХ, ЭТОГО, ЭТОЙ

СВОЙ, СВОЯ, СВОИ, СВОЁ,

КАКОЙ-ТО, КАКАЯ-ТО, КАКОЕ-ТО, КАКИЕ-ТО,

А так же:

Возможно, впрочем, наверное, вообще, в общем,

однако, итак, хотя, вдруг, еще, уж, уже, же, чуть, все, и т.д.

В диалоге обилие таких слов может характеризовать неуверенность персонажа. Читать же текст автора, который не уверен в написанном, - мука.

В программе есть возможность бороться со "словами-паразитами" просто вставив их и назначив поиск. Откройте в верхнем меню «Поиск», и выберете «Найти слова-паразиты»

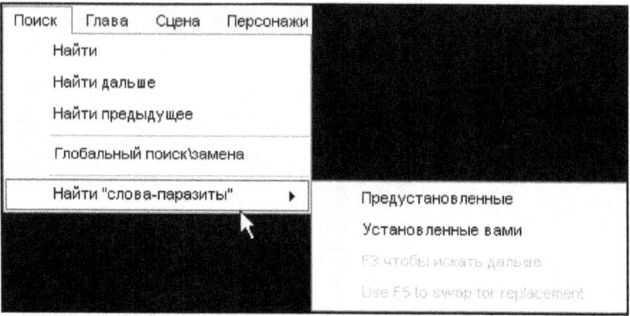

Предустановленные там английские варианты «слов-паразитов» можно добавить для поиска и наших отечественных «паразитов», какими словами злоупотребляете, те и добавляете.

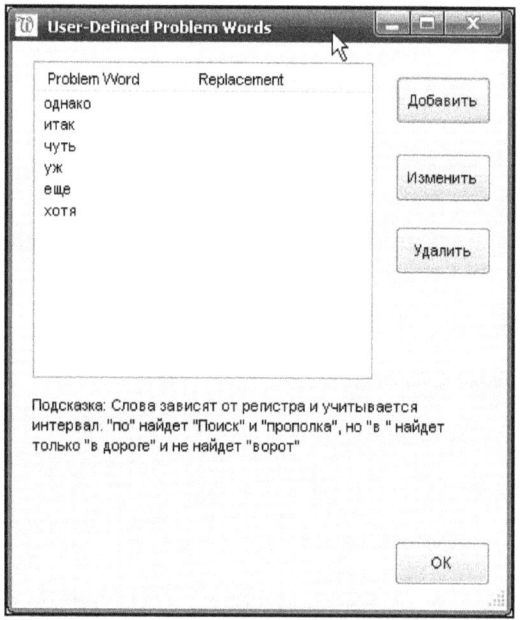

Для того чтобы найти следующее проблемное слово, нажмите клавишу F3. Перед тем как выполнять замену во всех текстах, будет лучше, если вы заархивируете весь текст. И конечно, в выборе нужных слов ваше главное оружие – здравый смысл. А то бывает, и слов-паразитов нет, и все вроде правильно, а как прослушаешь, то полная ерунда.

К примеру, когда юрист банка Ежиков отвечает клиентам по телефону: «Банк «Возрождение», Ежиков, слушаю». На том конце провода слушатели несколько раз падали от смеха со стула.

Или вот известная история, когда поэтесса Вера Инбер написала историческую поэму про Степана Разина, где прозвучали такие строчки:

«Ты шашкой оловянною взмахни не сгоряча,
сруби лихую голову до самого плеча...»

Достаточно прочитать это вслух и тогда поймешь, что срубили что-то не то.

Маяковский, который слушал поэму, спрашивает молодую поэтессу:

- А ты Верочка, стихи то свои вслух читала?

- А что такого? Ничего такого!

Тогда Маяковский написал для нее такие стихи:

Ах у Инбер! Ах у Инбер!
Что за глазки, что за лоб!
Все глядел бы, все глядел бы,
Любовался на нее б!
Вот так, не было бы ошибок, скучнее стало б жить на свете.

Все что нужно, без хлопот, запишу-ка я в блокнот.

Даже самая хорошая память не заменит простого карандаша.

Народная мудрость

В программе есть функция "блокнот". Удобная штука для записи идей, что приходят во время работы над текстом.

Мысли мимолетны, но если они записаны в блокноте, то могут быть использованы в дальнейшем. Для писателя блокнот является важным инструментом - вроде расширения памяти! Лучшее время для записи в блокнот ваших мыслей - это сразу же, как только эта мысль пришла.

В программе yWriter5 есть функция записи тех заметок, которые не входят пока в книгу. Под верхним меню нажмите «Заметки к проекту».

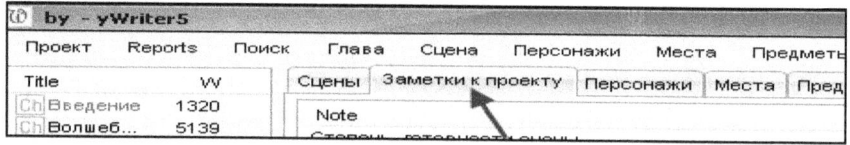

В окне под этой записью перечень сцен исчезнет, зато в самом нижнем окошке появится возможность писать заметки. После того, как нажмете «Ново» – это означает новая запись, появится название этой новой записи New Note.

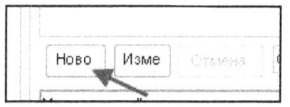

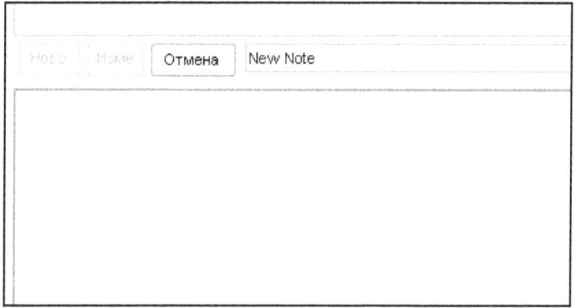

Заменяете New Note на что-либо более приемлемое, или по крайней мере более для вас информативное и пишите в окошке текст. После этого нажимаете «**Сохра**», и мысль сохранена. Если текст надо отредактировать, то нажмите «Изме». Вы видите, что английские эквиваленты слов короче русских, поэтому при переводе меню вышло не очень-то и понятно. Но как раз с этим меню вы бы спокойно разобрались и сами.

Писатели относились к своим записным книжкам так же требовательно, как и к художественному творчеству. Довлатов, готовя записи к публикации, страшился однообразия и повторения событий и сократил записи.

Записные книжки писателя - его творческая лаборатория. «Записные книжки» А.П. Чехова - мастера этюдов, записей и заметок, охватывают последние 14 лет жизни - с 1891 по 1904 год. Кроме набросков к произведениям, созданным А.П. Чеховым в эти годы, в «Записных книжках» содержатся сюжеты задуманных им произведений. Это позволяет полнее представить себе творческий путь писателя. Чехов в конце жизни, готовя записные книжки к печати, обвел чернилами наиболее важные из них и перенес в четвертую записную книжку. «Записные книжки» ярко выявляют и художественное своеобразие Чехова, направленность его исканий.

Вот список некоторых страниц в моем писательском блокноте на ноутбуке:

1. Идеи статей
2. Издательства
3. Имена персонажей, иногда с чертами характера
4. Новые забавные названия
5. Описательные отрывки или фразы
6. Идея романа о …
7. Фрагменты реальных разговоров
8. Сюжетные линии (те, что я хотел бы включить в роман)
9. Идеи сцен
10. Юмор
11. Писатели, которых надо читать
12. Как исправить мой роман
13. Короткая удивительная история
14. Сравнения и описания
15. Идеи для детского романа
16. Исследования
17. План на год
18. Электронная книга (мои идеи)
19. Разработка веб-сайта
20. Ужас и приколы
21. Автобиография
22. Цитаты о писателях
23. О коллекциях и коллекционерах

24. Удивительный мир монет

Записные книжки писателя - его творческая лаборатория. Если вы будете регулярно работать с записными книжками, они сослужат вам добрую службу в моменты, когда произойдет «творческий затор».

Мастер авто-архивирования

Мы все можем испортить лишь одним неосторожным движением, но yWriter делает все возможное, чтобы помешать уничтожить написанное вами. Для этого у него есть несколько способов. Авто-архивирование создано, чтобы обезопасить вас от потери данных. Каждый раз, когда вы редактируете файл, копия будет сохранена в папку Авто-архивации в папки проекта. В программе есть и встроенный двухрежимный мастер авто-архивирования.

Во-первых, есть утилита резервного копирования сцены. При открытии сцены yWriter делает копию и сохраняет ее в (Папке проекта) \ Autobackups \ YYYY-MM-DD (где YY и т.д. представляет сегодняшнюю дату.)

Регулярно, каждые пять минут, когда вы работаете над сценой, yWriter сохраняет ее содержание в тот же файл.

Это метод резервного копирования по умолчанию, но есть и еще один метод. В редакторе сцен выберите в меню «Настройка» пункт «Авто-архивация и пунктуация».

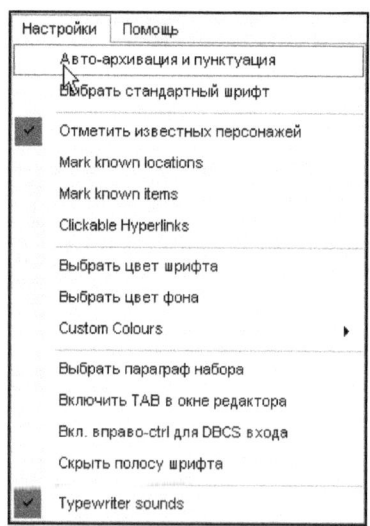

В этом пункте вы можете выбрать два метода сохранения в зависимости от вашего желания.

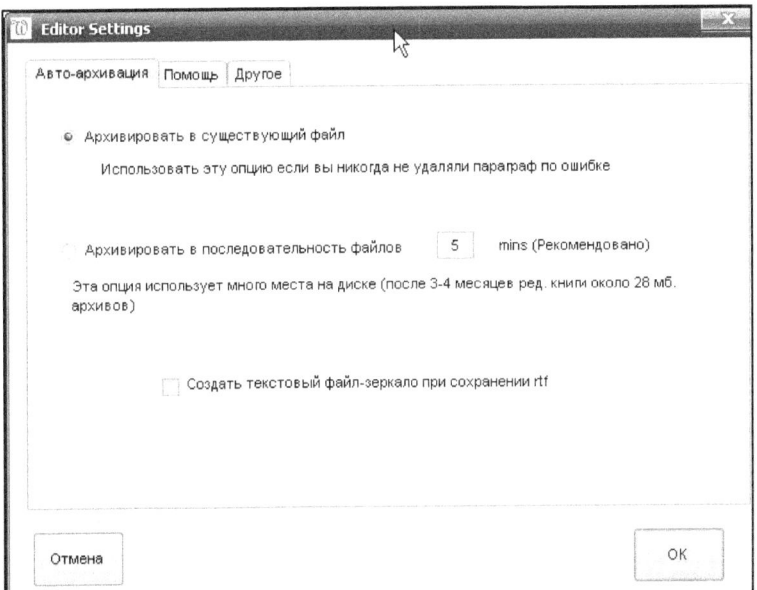

Чем отличаются эти два метода сохранения, подробно написано в помощи.

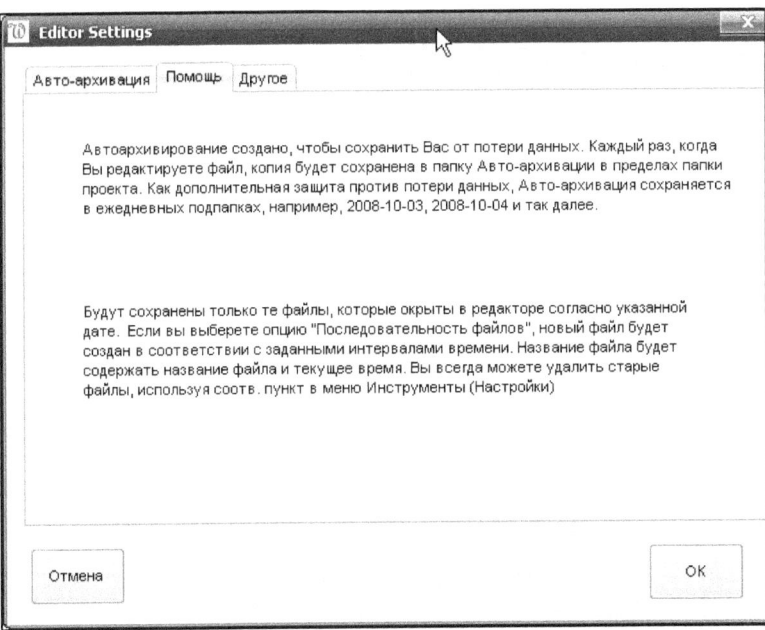

Как дополнительная защита против потери данных, Авто-архивация сохраняется в ежедневных подпапках, например, 2008-10-03, 2008-10-04 и так далее.

Для включения режима авто-архивирования перейдите в верхнем меню в «Инструменты» и в выпадающем меню поставьте галочку напротив надписи «Автоматическая архивация выбранных проектов». Каждый раз при запуске программы будет происходить авто-архивирование файлов.

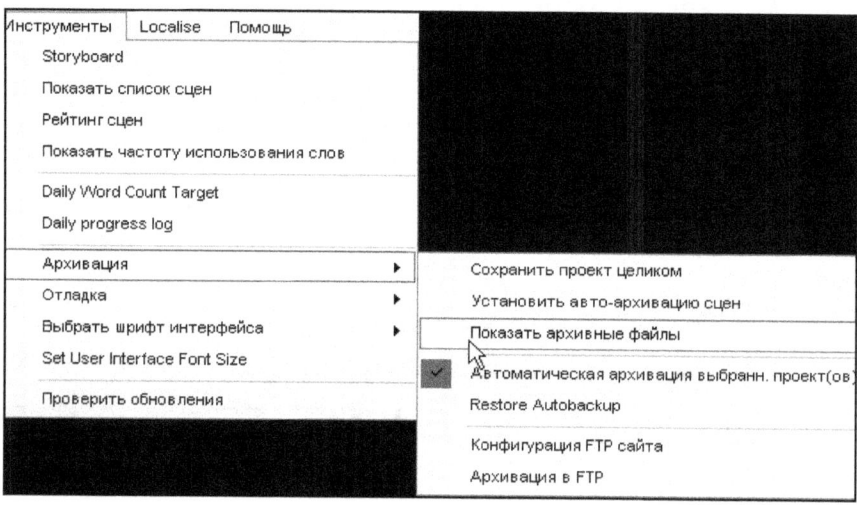

Если оставить эту команду неактивной, то у вас не будет авто-архивирования проекта.

Все файлы хранятся в папке «Autobackups» с ежедневными сохранениями.

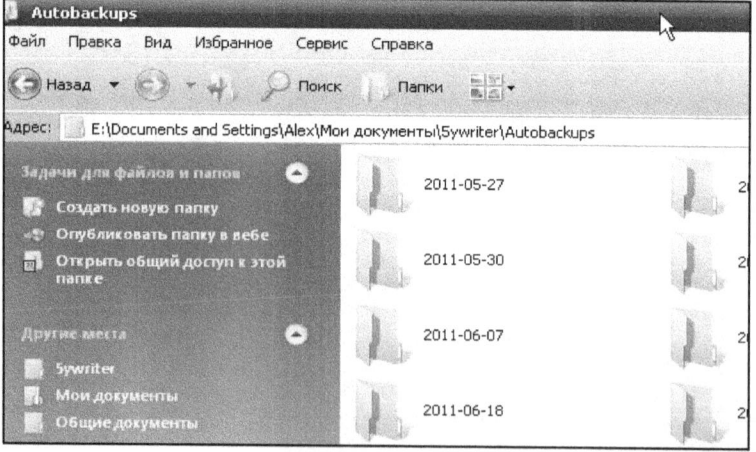

Вы можете, выбрав команду «Просмотреть архивные файлы», увидеть, что и когда в проекте вы изменяли.

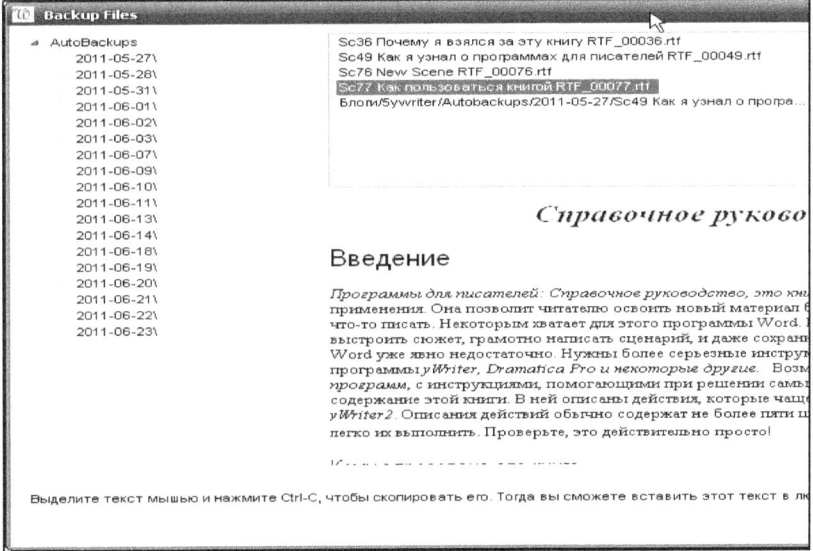

Помните! По умолчанию все файлы архивируются каждые 5 минут. Правда, программе надо разрешить архивацию. Можно просмотреть все архивируемые файлы, а старые советую удалять, так как быстро заполняют память. Всё это есть в подпункте «Инструменты».

Помимо автоматизированного резервного копирования, есть также ручная система, которую я рекомендую использовать время от времени, потому что это делает восстановление проекта гораздо проще.

Просто выберите в меню Инструменты - Архивация - Сохранить проект целиком.

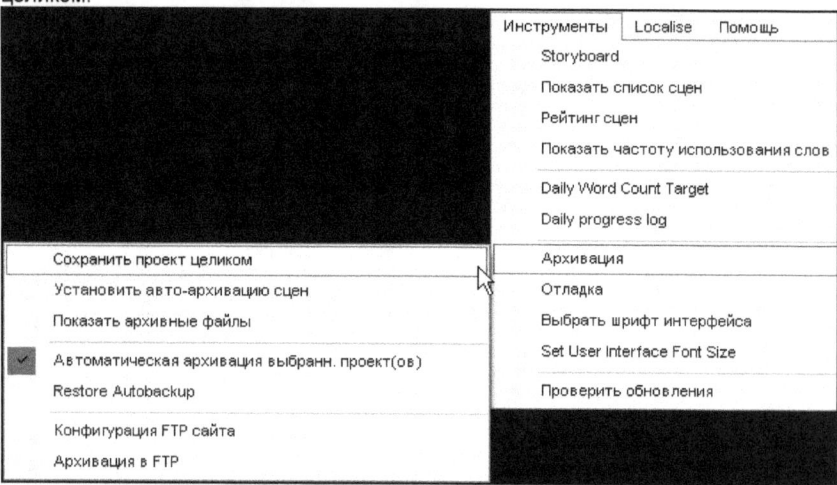

Эта функция сохраняет все сцены и данные в упакованном файле в папке Autobackups с сегодняшним числом (Partial Backup of MyProject 2011-05-28.zip).

Совет! Как только в вашем проекте произошли серьезные изменения, выполните «Сохранить проект целиком» и продублируйте сохраненные данные.

* * *

Разделяй и властвуй.

 Теперь в заключении сделаем маленький пример в программе для писателей yWriter5, загрузив который малоподготовленный пользователь сразу получит представление о программе. Можно, конечно, было взять для примера что-то современное, например, олимпиаду, или победу президента на выборах. Но темы эти быстро проходящие, и поисковики только через четыре года опять выведут в топ поиска. Поэтому обратимся к классике, где много героев, действия их понятны и предсказуемы, конец трагичен.

Чтобы сделать побыстрее, в верхнем меню нажмем «Проект», и в выпадающей вкладке выберем «Создать пустой проект».

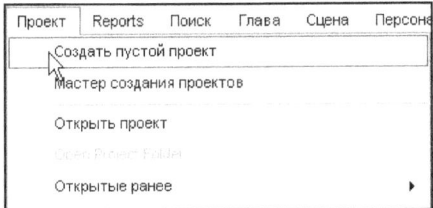

Нас спросят, хотим ли мы создать новый проект. На это надо ответить согласием, нажав «ОК».

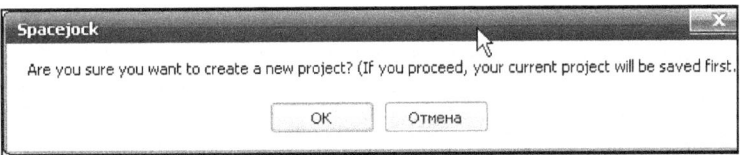

И сохраним его, как предложено, в папке «Мои документы», изменяем «MyProject» на «kolobok» и под этим названием сохраняем.

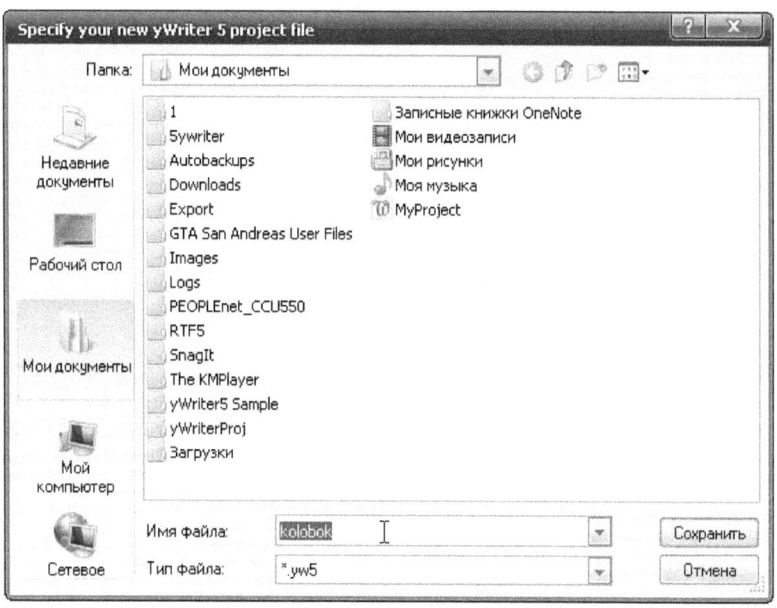

Внимание! Если проект не захочет сохраняться, значит, скорее всего, в этой папке уже есть проект yWriter, и созданный проект надо поместить в новую папку. Два проекта в одной папке сохранить нельзя.

Первую главу назовем «kolobok1» и перейдем к созданию сцен.

Напоминаю, что единицей работы в yWriter является не файл, а проект. Он состоит из множества файлов и директорий, порядок которых можно легко менять, делить и соединять файлы, что в MS Word невозможно. Как это делать, я расскажу дальше. А пока создаем текст, уделяя большое внимание диалогам. Если вы не умеете писать диалог, то повествование будет монотонным и тягучим. Огромные тексты повествовательного плана без диалогов смотрятся уныло, и читатели часто их пропускают. Когда я работал в «Комсомольской правде», мне раскрыли главный секрет популярности газеты и ее миллионных тиражей. Он прост.

-Тексты, где меньше половины диалога, мы не печатаем, - эти слова главного редактора я запомнил на всю жизнь и к диалогам отношусь с почтением.

Постараемся и мы, чтобы в тексте, созданном нами, было побольше диалогов, и чтобы речь каждого персонажа была своеобразна и узнаваема.

Приступим. Драма из народной жизни:

Колобок.

Здесь самое время создать героев произведения:

Начнем с главного героя.

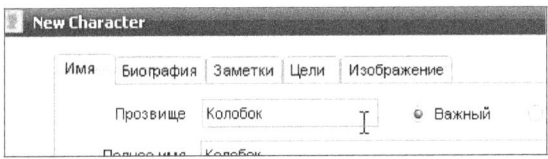

Напишем его биографию:

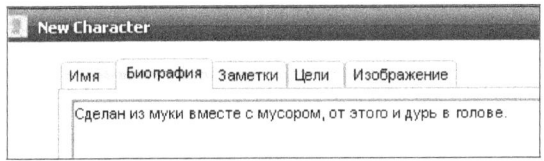

Создадим других героев и перейдем непосредственно к тексту.

Жили-были дед да баба. Вот раз дед говорит:

-Испеки-ка, старая, мне колобок.

-Да как же я тебе его испеку, - отвечает старуха, - коли в доме муки нетути?

- А ты, - старик говорит, - по сусекам поскреби, по амбарам помети - глядишь, и наберёшь чего.

Испекла бабка колобок.

-А тут заяц под окошком идёт.

Колобок, - говорит, - Колобок! Же не манж па сис жур. Же тебя ужо манже.

Колобок, отлично знавший из-за двух попавших в него изюмин французский язык, отвечает:

-Не ешь меня, Зайка, я тебе пригожусь!

-На кой чёрт ты мне сдался, коли тебя не есть? - удивляется заяц.

-Ты можешь от меня ужасно поправиться!

Почесал заяц затылок и убежал.

Тут идет Волк. Колобок испугался, а Волк ему и говорит:

-Слышал я, как ты Зайца отшил. Молодец. Такие кадры мне нужны. Пойдешь ко мне работать?

- А куда?

-Фирма клевая есть. Денег куча. Иностранная компания.

-Какая?

- Гербалайф.

И наивный колобок пошел работать в Гербалайф. Работает, работает, а денег все нет. К тому же с таким начальником, как волк, не поспоришь – враз съест.

Приехала к нему Лисица. Красивая, богатая, шофером у нее Медведь. Поговорила, обольстила. И клиентов обещала море и заработок крутой.

После ее визита Колобок повесил такое объявление:

Продаю траву стаканами. Не Гербалайф.

И жил после этого хорошо, но очень недолго, потому как попал за тюремную решетку.

Мы написали целую главу, не разделяя ее на сцены, но на самом деле тут несколько сцен. Как это сделать. Вы, надеюсь, помните, что структурной единицей произведения в YWriter является сцена. От правильного разбиения текста на сцены зависит удобство работы с программой. Для усиления драматизма мы могли бы начать повествование с последней сцены, где несчастный колобок уже сидит в тюрьме, или еще каким-то образом изменить повествование. Но пока мы имеем цельный текст. Как же разделить готовый текст на отдельные сцены?

Для этого применим прием, который я называю, – разделяй и властвуй. Откройте окно редактирования сцены.

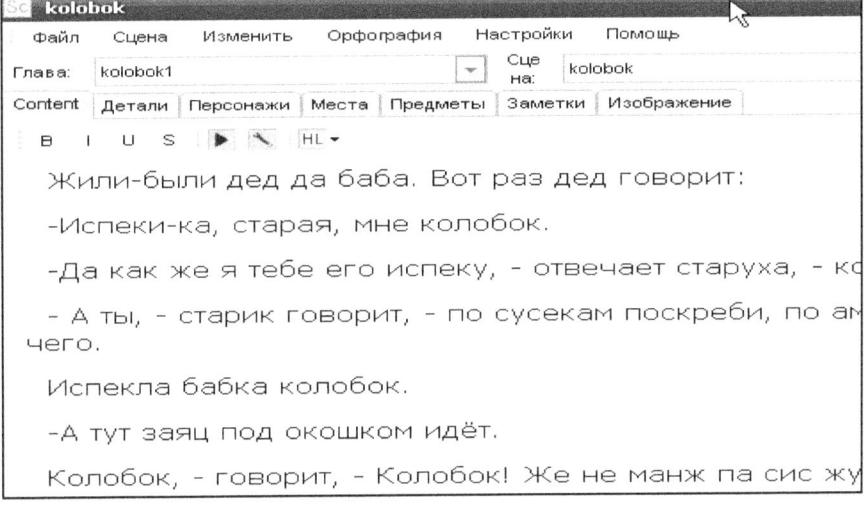

Теперь сделаем автоматическое разбиение существующего текста на сцены. В места текста, где по нашему мнению начинается новая сцена, вставляем три звездочки "***".

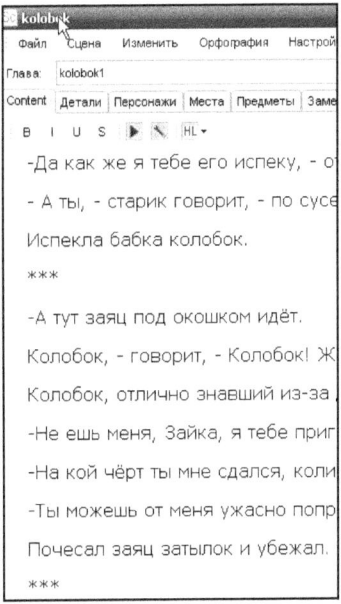

Идем в меню **Сцена** - выбираем "Разделение сцен знаками "***"" получаем столько сцен сколько раз мы вставили *** в текст.

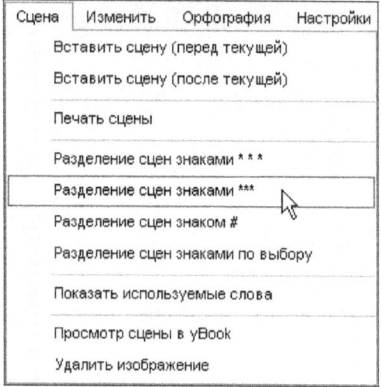

Получаем четыре сцены в главе.

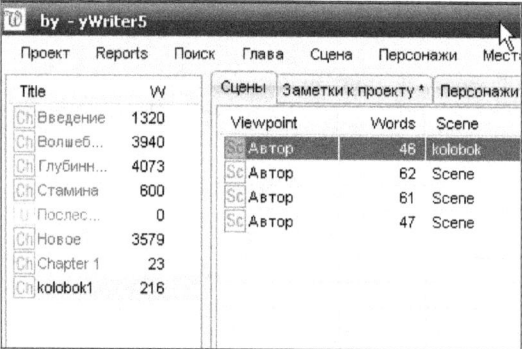

Теперь можем их как угодно переставлять и переименовывать. А можем, выделив с помощью нажатой клавиши Ctrl и курсора, выделить несколько сцен из этой главы.

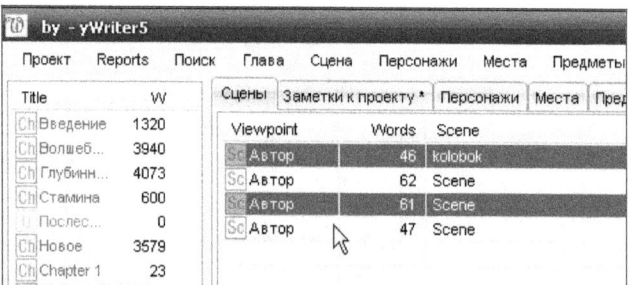

А потом, выбрав меню «Combine selected scenes», – объединить эти сцены в одну.

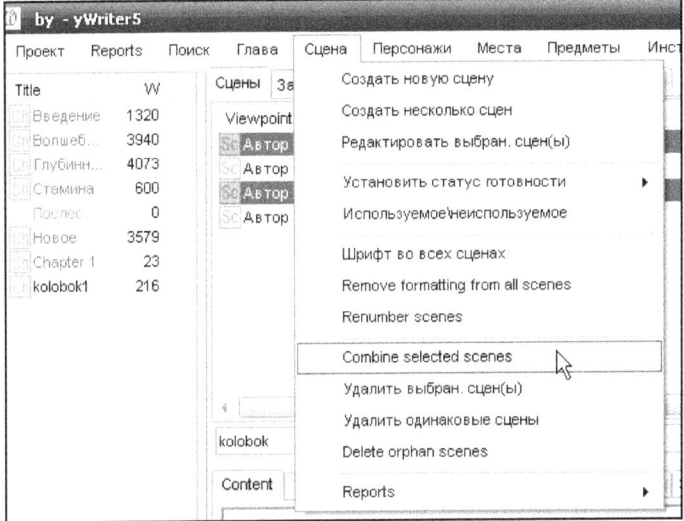

Все просто и ясно.

Комбинируем, переставляем, объединяем, а главное все и как можно чаще сохраняем.

Не забудьте нажать на эту надпись в левой нижней стороне экрана.

Этим вы включите авто-сохранение вашего проекта.

* * *

Глубинные настройки

Крупномасштабная структура сцены

Если человек что-то начал писать, то уже не остановишь. И главное-то обидно... человек может быть умным, даже интеллектуалом, может любить и знать хорошую литературу и кино, может иметь прекрасное образование, а писать при этом бессмысленное говно, и совершенно не будет этого видеть. Не могу понять, как такое происходит?

Евгений Гришковец

Может быть, вы думаете, что невозможно написать идеальную сцену? Что такое совершенство? В чьих глазах? Для кого предназначалось то совершенство? Критикам, читателям или той девочке в школе, которая так и не поверила, что из вас получится знаменитый писатель?

Мы будем писать сцену согласно тем драматургическим канонам, которые являются общепринятыми на данный момент. То есть, если следовать этим законам, то вы можете написать хорошо структурированную сцену, в которой множество событий - действий героев и диалогов, которые не дают читателю ни на минуту отвлечься, захватив все его внимание. Сцены это кирпичи вашего романа. Проза - роман, повесть, рассказ, всегда состоит из отдельных сцен.

Рассмотрим два главных момента:

1. Типы и структура идеальных сцен.
2. Порядок сцен в романе.

Тип сцены.

С точки зрения сценарно-драматургической сцены бывают **активными и реактивными**. И сейчас мы подробно остановимся на каждой из них.

В **активных** сценах герой должен пытаться преодолеть препятствие, разрешить конфликт и достигнуть цели.
В **реактивной** сцене герой получает информацию и на ее основании принимает решение.

В программе YWriter 5, когда открыт редактор сцены, нажимаем на кнопку
«Детали».

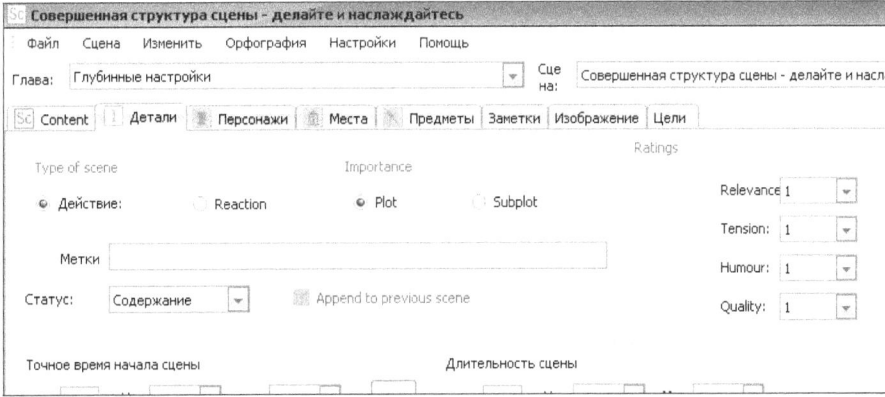

Нажав кнопку «Детали» получаем:

Здесь мы в разделе "Type of Scene" (Тип сцены) можем отметить, какого типа сцену мы пишем: "Действие" или "Reaction".

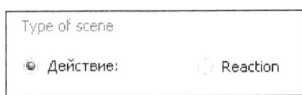

Сцена - «Действие» (это как раз и есть активная сцена).

Если мы выбираем тип сцены "Действие", то в окошке «Цели» с цветными
подписями появятся надписи "Цель", "Конфликт" "Итог сцены". Потратим некоторое время и определимся, какая же цель была у героя, какой конфликт произошел и в чем итог сцены. Если таким образом мы несколько раз разберем сцены нашего произведения, и попытаемся воплотить это на бумаге, то проза, в глазах читателя, станет более четкой и захватывающей. Остановимся далее чуть подробнее на составляющих активной сцены.

Сцена - «Действие» (активная) имеет следующие три части:

- Цель - к которой герой стремится.
- Конфликт - который при его стремлении к цели произойдет.
- Итог сцены - (Катастрофа). Да именно так после всех действий героя, ситуация должна еще усложниться. Запомните активные сцены – ухудшают позицию героя. Но читателя после активных сцен от книжки за уши не оттащишь.

"Reaction"(реактивная) сцена.

Если вы выбрали тип сцены "Reaction"(реактивная), то в окошке «Цели» с
цветными подписями появятся заголовки «Reaction» (Реакция), Dilemma
(Дилемма) и Choice (Решение).

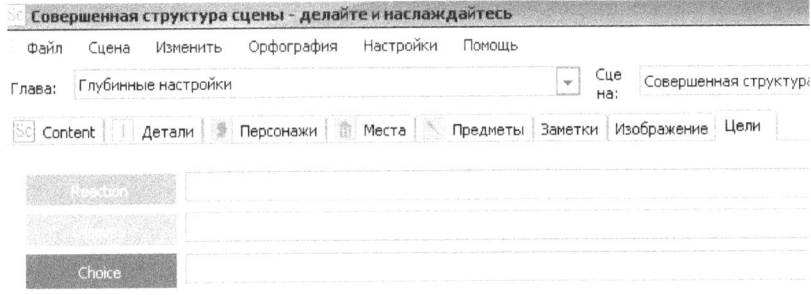

"**Reaction**"(реактивная) сцена имеет следующие три части:
- Реакция – герой в ответ на всю мерзость окружающего мира совершает некое действие.
- Дилемма – в результате предыдущего действия перед ним открывается выбор.
- Решение – помучившись герой делает свой выбор.

Если вы определили для себя тип сцены и ее основные характеристики,
значит, вы контролируете собственный замысел и можете двигать свое
повествование в нужном направлении.
Вы можете думать, что эта модель является слишком простой, но эта модель
работает. Есть множество других моделей, но они работаю хуже.

Чуть подробнее остановимся на основных элементах активных сцен.

Цель. У вас есть герой, который хочет что-то изменить, и для этого он должен в начале сцены предпринять некое действие для достижения цели.
Цель должна быть конкретной, и она должна быть четко определяема. Действующий герой вызывает симпатию.

Конфликт. Конфликт - ряд препятствий у вашего персонажа на пути к достижению цели. Конфликт рождается благодаря столкновению различных точек зрения на проблему и выражается в действии и диалогах. Вы должны создать хороший, крепкий конфликт, заготовить для героя массу неприятностей, гадостей и сногсшибательных вещей, откровенно опасных для жизни!

«Совершенство самую малость скучно. Вот поистине ирония жизни: то, к чему мы все стремимся, оказывается лучше, когда оно достигнуто не полностью.»
Сомерсет Моэм

Если герой достигнет своей цели без каких-либо конфликтов, то читатель заскучает, а ваш читатель хочет бороться вместе с героем! Он хочет побеждать и преодолевать. Именно для этого он и покупает вашу книжку.

Катастрофа. В программе она обозначена как «Итог сцены», а итог сцены -
это «Катастрофа». Вот именно, боролся, боролся наш герой, а в итоге полнейшая катастрофа. Победа скучна! Когда сцена заканчивается победой, ваш читатель не чувствует каких либо оснований, чтобы переворачивать страницы дальше. Если дела идут хорошо, ваш читатель может и уснуть. Не дайте ему уснуть. Какой сон, если его любимый герой вот-вот погибнет?
Герой висит над обрывом, а злодей, потирая руки и смеясь отдавливает ему пальцы. Для читателя бросить героя в таком отчаянном положении одного, закрыть книжку и уйти спать - предательство.
Нужно перевернуть страницу, чтобы увидеть, что произойдет дальше.

А дальше идет другой тип сцены - "Reaction"(реактивная).

Реакция. Эмоциональная реакция героя на сложившиеся обстоятельства. Герою больно, ему обидно, его предали. На некоторое время он ошеломлен,
и любой другой на его месте давно бы уже сдался. Время плакать и собираться с силами.

Дилемма. Это ситуация, в которой нет выигрышных вариантов. Если стихийное бедствие было настоящей катастрофой, оно не дает хороших вариантов. Ваш герой столкнулся с реальной проблемой. Время поразмыслить. Какое решение выберет герой в трудной ситуации, когда и выбирать-то не из чего? Это дает читателю возможность беспокоиться за
него, и это хорошо. Читателю должно быть интересно, что может случиться дальше.

Решение. Герою нужно сделать выбор из нескольких вариантов, проявить
активную позицию. И герой выбирает из всех вариантов не тот, что грозит, на его взгляд, меньшими бедами, а тот, который заставит нас его уважать.

«...Потому уклоняюсь я теперь от счастья моего и предаю себя всем несчастьям - чтобы испытать и познать себя в последний раз.» Фридрих Ницше

Это важно. Разве уважение того не стоит? Герой поступил рискованно, но есть шанс, что это сработает.
Сделайте это, и ваш читатель перевернет страницу, потому что теперь у вашего персонажа есть новые цели.

Порядок сцен в романе - крайне важно!

Как правило, хорошо воспринимаемый читателем текст представляет собой
чередование активных и реактивных сцен.

Активная -> Реактивная -> Активная -> Реактивная -> Активная -> Реактивная -> ...

Если вы затрудняетесь в определении типа сцены, значит, либо вы пишете потоковую бессюжетную прозу, либо неправильно произвели разделение сцен.

Неправильный порядок сцен или отсутствие деления сцен на активные и реактивные - это повальное бедствие современных писателей. Постарайтесь не повторять их ошибок, используя те возможности, которые предоставляет вам программа yWriter5.

И, конечно же, каждая сцена должна писаться с точки зрения одного персонажа. О том, как это сделать с помощью программы yWriter5 в следующей главе.

***

Три точки зрения.

Если кого-либо повесили за высказанную точку зрения, достаточно ли это для того, чтобы считать его точку зрения взвешенной? Владимир Бирашевич

Если в программе вы открыли окно редактирования сценой, то вы увидите окошко с надписью "Перспектива".

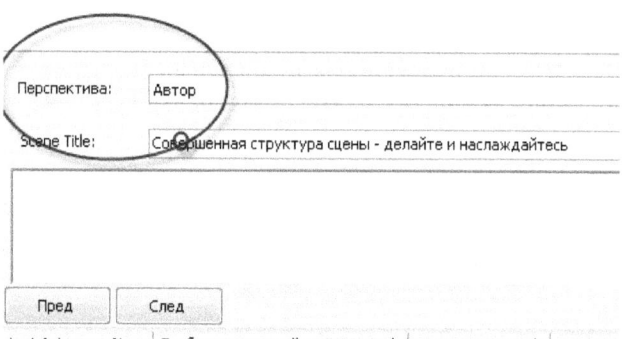

Название не совсем верное, по-английски оно значится как Viewpoint то есть "Точка зрения" , "Точка обзора", "Точка наблюдения" и т. п. То есть это точка зрения от имени кого ведется повествования или точнее, чьими глазами видится сцена. До не давнего времени авторы использовали всего-то две "точки зрения".

1. **Первая - "Точка зрения всезнающего автора".** Эта точка зрения всевидящего и всезнающего наблюдателя. Я в программе создаю себе персонаж под названием "Автор". И когда пишу от него то знаю о героях все, их мысли, поступки, что с ними случится в будущем и какие страхи одолевали в прошлом.
Особенности:
- этот метод появился в литературе раньше, и он наиболее опробованный;
- так как автор лицо постороннее, то его точка зрения, кажется более объективной;
- повествование более размеренное и не такое экспрессивное, как от первого лица;
- позволяет создавать более масштабные полотна с несколькими десятками хорошо выписанных героев

- позволяет описывать психологические переживания ряда персонажей, что создаёт впечатление более масштабной картины;
- позволяет выражать авторские мысли напрямую не присваивая их какому-либо герою.

"За час до прихода вечернего почтового поезда отец Федор, в коротеньком, чуть ниже колен, пальто и с плетеной корзинкой, стоял в очереди у кассы и боязливо поглядывал на входные двери. Он боялся, что матушка, противно его настоянию, прибежит на вокзал провожать, и тогда палаточник Прусис, сидевший в буфете и угощавший пивом финагента, сразу его узнает. Отец Федор с удивлением и стыдом посматривал на свои обнаженные полосатые брюки.
Агент ГПУ медленно прошел по залу, утихомирил возникшую в очереди брань из-за места и занялся уловлением беспризорных, которые осмелились войти в зал I и II класса, играя на деревянных ложках "Жила-была Россия, великая держава".
Кассир, суровый гражданин, долго возился с компостерами, пробивал на билете кружевные цифры и, к удивлению всей очереди, давал мелкую сдачу деньгами, а не благотворительными марками в пользу детей."Ильф и Петров Двенадцать стульев
Все видит Автор и отца Федора, и агента ГПУ, и кассира. Да еще и читает в душе отца Федора как в открытой книге.
Автор подобен Богу. Он судит и награждает и читатель смотрит на мир глазами Автора. Казалось бы одни плюсы от этой "точки зрения". Но не все в мире совершенно! Читатель сам бы хотел влезть в души героев, сопереживать им и судить их. Повествуя от лица Автора вы не даете читателю почувствовать себя творцом. Поэтому тогда же, сотни лет назад, возникла еще одна точка зрения:

2. Повествование от первого лица.

Герой рассказывает о себе, он не Бог у него есть недостатки, но это и хорошо читатель более охотно сопереживает повествованию.

Особенности повествования от первого лица:

- герой, более эмоционален и открыт;
- сужает рамки повествования до точки зрения героя;
- помогает читателю сопереживать выстраивая свой образ героя.

Читатель отождествляет с себя с героем. Что еще нужно автору? Так написана автобиография Юрия Никулина:
"Я думал, что книгу о себе писать, в общем-то, довольно просто. Ведь я достаточно хорошо себя знаю, У меня, как я думаю, окончательно сформировались характер, привычки и вкусы. Не задумываясь, могу

перечислить, что люблю, а чего не люблю. Например, люблю: читать на ночь книги, раскладывать пасьянсы, ходить в гости, водить машину... Люблю остроумных людей, песни (слушать и петь), анекдоты, выходные дни, собак, освещенные закатным солнцем московские улицы, котлеты с макаронами. Не люблю: рано вставать, стоять в очередях, ходить пешком... Не люблю (наверное, многие этого не любят), когда ко мне пристают на улицах, когда меня обманывают. Не люблю осень."

Но нет предела совершенству. Оказывается, есть точка зрения, которая вызывает у читателя еще большую эмпатию, то есть сопереживание, принятие текста. Ее стали применять не так давно, но сейчас чуть-ли не 90% всех романов на Западе пишется с этой точки зрения.

3.Третье лицо ограниченное.

Порою, чтобы рассмотреть очевидное, нужно просто изменить точку зрения.
Евгений Ханкин

Что же такое третье лицо ограниченное (фокальный персонаж) и от кого в нем ведется рассказ?

В нем повествование идет от третьего лица, но "рассказчиком" и одновременно главным действующим лицом является не автор, а один из персонажей книги. Все действия и события описываются так, как этот фокальный персонаж - их воспринимает. Происходящие в книге события описывается как бы изнутри конкретного персонажа. Такая точка зрения ограничивает свободу автора - приходится учитывать все: образовательный уровень, воспитание, убеждения и предрассудки, стиль речи персонажа и говорить его языком. Овладение точкой зрения фокального персонажа требует большого мастерства от автора.

Зато воздействие такой книги на читателя гораздо глубже и сильнее: читатель забывает о посреднике-авторе и с головой погружается в события, непосредственным очевидцем которых является выбранный герой. Большая часть глав в знаменитых книгах о Гарри Поттере их автор Джоан Роулинг писала от имени третьего лица, так как он воспринимает события. Точно так же Филипп Пульман описывает события, как их видит его героиня Лайра:

"Лайра планировала уйти тем же путем, которым пришла, до того, как Дворецкий прозвонит в колокольчик.

И если бы она не видела, как Ректор подсыпает порошок в вино, то, возможно, рискнула бы вызвать гнев Дворецкого, или постаралась бы скрыться в людном коридоре. Но теперь она растерялась.

Тут послышались тяжелые шаги по помосту. Это пришёл Дворецкий, чтобы убедиться, что в Комнате Отдыха всё готово для собрания Мудрецов за вином и маком после ужина. Лайра подскочила к дубовому шкафу, распахнула его и спряталась внутри, закрыв дверь как раз в тот момент, когда Дворецкий вошёл."

Точек зрения в произведении часто бывает несколько - сцены описываются глазами разных фокальных персонажей. От этого произведение становится ярче и многограннее, но одновременно требует от автора выдумки и мастерства. Помните, что ни с какой точки зрения нельзя быть слепым. Чтобы не ошибиться в выборе точки зрения вы должны обладать чувством языка.

* * *

Второстепенный, но не лишний.

Интуиция - это способность головы чуять задницей.

Чтобы написать удачную повесть, надо придерживаться трех правил. К сожалению, никто этих трех правил не знает. Но кое-что посоветовать я вам могу. Сюжет - это своего рода базовая схема произведения, в которую входит последовательность происходящих в произведении действий и совокупность существующих в нём отношений персонажей.

Когда Вы пишите сцену в программе для писателей writer5 то во вкладке "Детали" в блоке **Importance** (Важность) имеются две надписи **Plot** и **Subplot**. Что же это такое и какую из них выбрать для Вашей сцены?

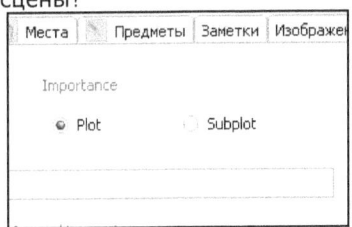

Сюжет - повествовательное ядро художественного произведения. Сюжет - это последовательность происходящих в произведении действий и отношений персонажей. Т.е. проще говоря это то, что происходит с героями и что мы описываем с помощью отдельных сцен.

Из теории драматургии мы знаем, что по важности сцены бывают главные и второстепенные. В принципе все второстепенные сцены можно выбросить при этом связности книга не потеряет. Для чего же нужен дополнительный сюжет?

Для того чтобы выяснить это обратимся к книге Найджел Воттс "Как написать повесть":

"Второстепенный (дополнительный) сюжет. Второстепенный сюжет - это дополнительная история, которая развивается параллельно главной истории; это группа маленьких сюжетов, которые можно удалить не боясь, что вся книжка "рассыплется". Каждая повесть может иметь в себе много более или менее проработанных побочных сюжетов, и нужно сказать, что они служат не только заполнению пустых страниц, но играют очень важную роль. В рассказе или новелле дополнительный сюжет скорее является чем-то лишним, но в повести это очень важный элемент: он добавляет ей "жизненности" и регулирует темп повествования.

Главной задачей дополнительного сюжета есть расширение и углубление истории таким способом, каким это не может сделать главная фабула. Литературное произведение - это упорядоченная версия реальных событий, поэтому очень легко скатиться в ней до упрощений, которые ни в коей мере не отражают сложности реальной жизни и не соответствуют интеллекту читателя. Это все равно, что представить себе героя повести как актера, который играет свою роль в луче одного единственного прожектора: конечно, зрители увидят все очень четко, но картина будет выглядеть плоской, без оттенков и перспективы. В дополнительной истории часто появляются второстепенные герои, которые как бы "подсвечивают" главных героев дополнительными лучами со всех сторон, показывая такие их признаки, о которых мы даже не догадывались раньше. Таким образом, можно получить эффект трехмерности, выразительного рельефа - другими словами, добавить жизненности главным героям. Функцию эту дополнительный сюжет выполняет двумя способами: с помощью созвучия, либо противопоставления.

Дополнительный сюжет, который созвучен с главной фабулой, закрепляет нашу оценку героя и нашу интерпретацию его начинаний - т.е. говорит то же самое, только по-другому...

А в ситуациях, когда дополнительный сюжет противопоставляется главной фабуле, эффект бывает необычайно комичен. Например, в "Счастливчике" Кингсли Амиса дополнительные сюжеты насыщены катастрофами и несчастьями, в то время когда в рамках главной фабулы герой добивается успеха за успехом, но не благодаря своим умениям или дипломатическим талантам - смысл дополнительных сюжетов такую возможность исключает - но исключительно потому, что является счастливчиком.

Дополнительные сюжеты выполняют также менее сложную функцию замедлителей развития главной фабулы."

Нагонять знаки тоже надо умеючи :)

Но углубляя историю с помощью дополнительного сюжета, следует не дать ему слишком большое пространство. Иначе наше произведение превратится с двухголового монстра и только запутает читателя.

***
Степень готовности сцен.

Вдохновение - это быстро сделанный расчет.
Наполеон Бонапарт

Выделив сцену в программе yWriter вы можете установить степень ее готовности. Для этого надо правой кнопкой мыши выбрать из выпадающего меню одну из степеней готовности сцены.

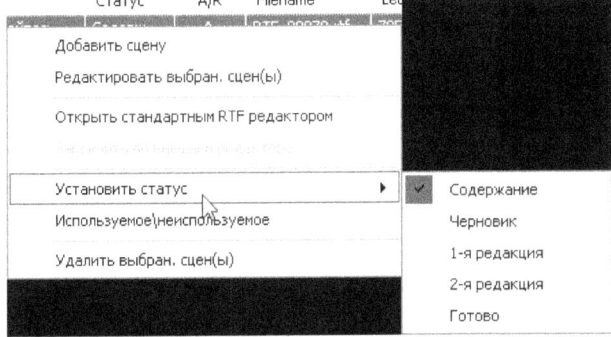

Всего степеней готовности в программе yWriter пять. Это :
1. Содержание
2. Черновик
3. 1-я редакция.
4. 2-я редакция.
5. Готово.

Начинающему автору, надо помнить, что даже у великих сразу хорошо не получалось. К примеру, Лев Толстой семь лет работал над «Войной и миром». Он много раз переписывал почти заново многие главы и отдельные страницы, улучшая текст. Специалисты говорят что читать планы и черновики, первоначальные наброски и варианты «Войны и мира» невероятно увлекательно и поучительно, особенно тем, кто сам собирается стать писателем.

Черновики же Пушкина сплошь испещрены правкой, рисунками, «не относящимися к делу» вариантами и заметками. И сейчас возникла целая наука по изучению его черновых записей. Даже гении не сразу находят то единственное слово, которое останется на века. Думать о том что фраза, которая пришла вам в голову первый раз совершенна, по крайней мере опрометчиво.

Полезный совет: *Одновременно писать и редактировать невозможно. За эти функции отвечают разные половинки мозга. По этому надо сначала не прерываясь изложить возможно большее количество мыслей, не* обращая внимания на грамматические и синтаксические ошибки. А на втором этапе уже править текст.

Когда же надо закончить правку? Об этом хорошо сказал Лев Толстой: «У Пушкина не чувствуешь стиха; несмотря на то, что у него рифма и размер, чувствуешь, что иначе нельзя сказать...» Если иначе сказать нельзя, то это совершенство. Когда о тексте вы сможете сказать так, то смело можете выбирать в программе yWriter - **Готово.**

* * *

Синопсис и борьба с Кракозябрами.

Ваша история закончена. Вы знаете каждый изгиб и поворот сюжета. Правильно разбили сцены на активные и реактивные и выверили их структуру. Вы знаете ваших персонажей изнутри и снаружи. Теперь надо написать небольшую историю, которая заставит редактора прочитать ваше произведение полностью.

У этой истории есть специальное название. Какое? Она называется синопсис. По-гречески (σύνοψις) это слово означало изложение в форме обзора, в сжатой форме, целой истории. Синопсис книги - краткое содержание вашего произведения, в котором описывается сюжет и основной конфликт и главные герои. Текст синопсиса пишется в настоящем времени и в идеале должен быть самостоятельным литературным произведением - рассказом о книге. Когда придет время писать синопсис, отнеситесь к работе творчески. Пусть это будет ваш роман, но лаконично. Это тот самый текст, который ваш редактор или издатель будет точно читать. И вы ему должны помочь ответить на главный вопрос: вы написали то, что он хочет издавать, или лучше отправить ваш труд в мусорную корзину? Написание синопсиса требует много труда и выдержки, но с программой yWriter 5 сделать это проще.

Во вкладке верхнего меню «Reports» выбираем «Синопсис».

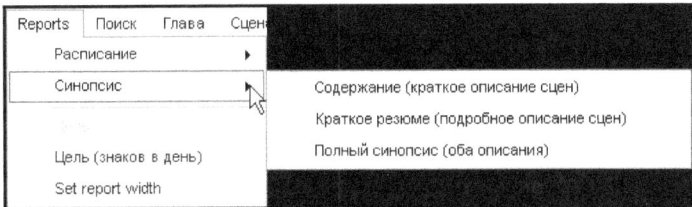

В выпадающем окне видим следующие три пункта:

· Содержание (краткое описание сцен)

· Краткое резюме (подробное описание сцен)

· Полный синопсис (оба описания)

Если мы выберем «Содержание (краткое описание сцен)». И выберем все файлы от начала до конца, а также «Перспективу» как «All» т.е. как все,

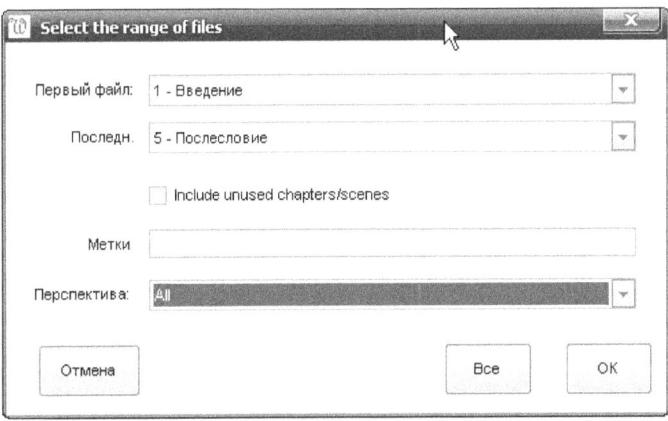

то в результате получим перечень, состоящий из названий всех глав и сцен, с количеством слов в каждой сцене, перспективу (точку зрения), от кого ведется повествование, степень готовности текста.

Summary of
Does not include any scenes or chapters marked as 'Unused'
(Не включает в себя сцен или глав помеченных как "Неиспользованные")

Chapter	Viewpoint

Введение   Sc 1
                            Автор

                            Sc 2
                            Автор

Если выберем «Краткое резюме (подробное описание сцен)» то рядом с названием каждой сцены получим еще и ее содержание, то, которое вы написали в окошке «**Описание**».

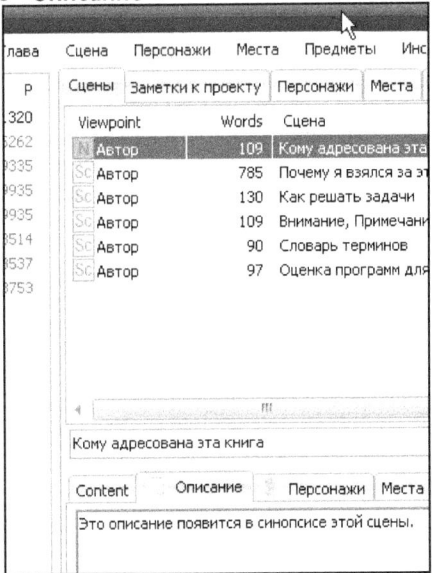

Делается это так. Вы нажимаете на нужную сцену левой кнопкой мыши, и она становится выделенной более темным цветом. После этого вы

нажимаете внизу кнопочку **Описание** и в самом нижнем окошке пишите текст, который со временем станет частью синопсиса.
Если ничего не придумывается, то можно нажать на соседнюю кнопку «Content», увидеть в появившемся окошке часть этой сцены.

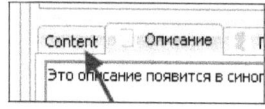

Теперь можно мышкой выделить тот текст, который подходит для синопсиса, и скопировать с помощью нажатия клавиш Ctrl + C в буфер обмена.

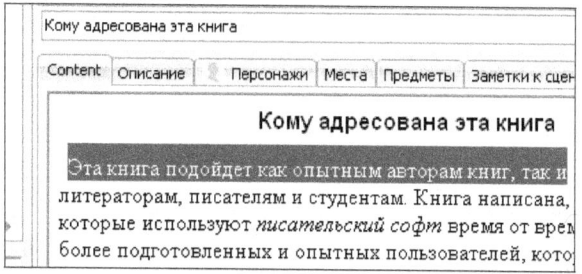

Теперь можно перейти опять в окно **Описание** и вставить там текст из буфера обмена. Делается это с помощью одновременного нажатия клавиш Ctrl + V. Вот так и пишем синопсис, который необходим для того, чтобы редактор быстро мог понять, подходит ли для его издательства ваша книга или нет.
 Обычно объем книжного синопсиса составляет от 2 до 5 страниц. По этому выбираем только важное. Если нужно что-то записать для памяти, но чтобы оно не попадало в синопсис и в распечатываемый текст, то это пишется в окошке «Заметки к сцене».

И вот написали вы описание к каждой сцене, долго старались, мучились, искали нужные слова, а синопсис открылся в Браузере в виде каких-то непонятных символов.

Chapter	Viewpoint	Title	Wordcount
Ãàâàäìèà	Sc 1 Àâòîð	Ēīó àà𠯯ìāáíâ ÿòà ĕīèàà	109 Outline
	Sc 2 Àâòîð	Ïī÷åìó ÿ âçÿëñÿ çà ýòó êíèãó?	785 1st Edit
	Sc 3 Àâòîð	Êàê ðàæàòü çàäà÷è	130 Outline
	Sc 4 Àâòîð	Àíåìàèêà, ïðèè÷èíà èëè Ñìååò?	109 Outline
	Sc 5 Àâòîð	Ñåìàòüÿ òàðïåíïà	90 Outline
	Sc 6 Àâòîð	Īàìèê ìïîîàëïè àåó ïåìàïàëèê	97 Outline

Глядя на эти невиданные значки, вспоминается дурацкий вопрос: Бухряная козябка - это травка или зверек?
Нет, это не травка и не зверек. В просторечье эти знаки называют кракозябрами.

Примечание. Кракозябры - жаргонизм, обозначающий элементы бессмысленной с точки зрения читателя последовательности символов, полученной в результате неправильного перекодирования осмысленного текста.

Но вам-то от этого не легче. Неужели все труды насмарку?
Не волнуйтесь, я вам сейчас помогу. Скачиваете с сайта программку декодер русских текстов TCODE и устанавливаете ее на компьютер.

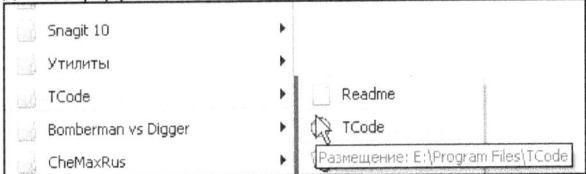

Она предназначена для восстановления русских текстов, испорченных в процессе передачи, в том числе многократно перекодированных. Восстановление производится полностью автоматически. По умолчанию

TCODE загружается в режиме иконки в правой части меню операционной системы. Удобно, например, поместить ярлык TCODE в автозагрузку. Тогда для восстановления достаточно забрать нечитабельный текст в клипборд (буфер обмена) и кликнуть иконку TCODE. Также можно загрузить текст из файла с помощью кнопки "Открыть файл" или перетащить его мышью на открытое окно TCODE.
Вот так, скачали, установили. Теперь загрузили туда страницу.

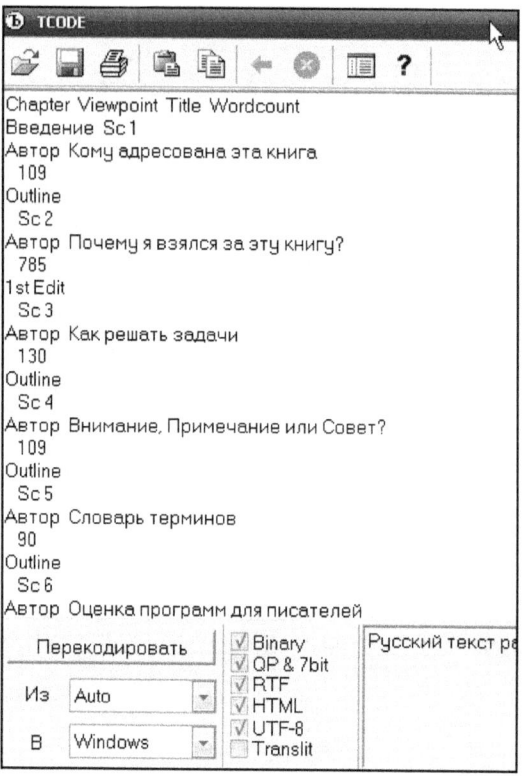

Все стало удобочитаемо, надо только сохранить.

Для завершения работы TCODE в этом режиме надо кликнуть по иконке в трее правой кнопкой мыши и выбрать "Выход".

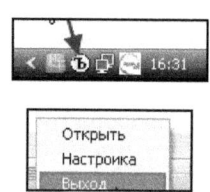

Немножко поработать, почитав, каковы требования издательства к синопсису книги, и синопсис у вас в кармане. После того, как синопсис готов, можно идти в издательство. И до славы известного литератора рукой подать.

Знаменитый психолог Милтон Эриксон сказал как-то своим помощникам: «Да, вы хорошо воспроизвели то, что я делаю, и верно все описали. Но это всего лишь раковина, а взяли ли вы жемчужину?». В следующей главе мы как раз и рассмотрим, как вырастить из вашего произведения настоящую жемчужину. И поможет растить эту литературную жемчужину программа yWriter 5.

* * *

Приложение

Генератор идей.

Если вы пишете по одной странице в день, вы напишите большой роман через год... Я уверен, что вы могли бы написать одну ничтожную маленькую страницу даже в плохой день, даже в самый гадкий день. Я верю в вас!

Пара идей в вашу копилку.

1. Раскрепостите Ум. Перечислите смешные, дурацкие, отвлеченные и странные идеи. Не ограничивайтесь идеями, которые другие люди считают "разумными", "правильными" или «логичными».
Лучшая и самая творческая идея возникнет после разговора с сумасшедшим приятелем, глупой соседкой, надоедливым ребенком.
Если бы я не поверил когда-то странному парню, который периодически сидел в дурдоме, я бы не пришел в газету где «на ура» были опубликованы мои первые статьи о монетах.
Прислушайтесь, мир полон подсказок, надо только уметь их услышать. Когда вы находитесь на творческом подъеме, отложите критику идей, которые вы генерируете. Мозг либо генерирует идеи, либо их отвергает. Одновременно делать эти две вещи наш ум не может.
Новорожденная свежая мысль робка и беззащитна. Не дайте логике растоптать ее.
Ваши действия просты. Лягте на диван, послушайте хорошую музыку или прогуляйтесь и просто перечисляйте и записывайте все, что может прийти вам в голову. Генерируйте идеи.

Всякая тревога, забота, бессмысленна и только мешает генерировать идеи.

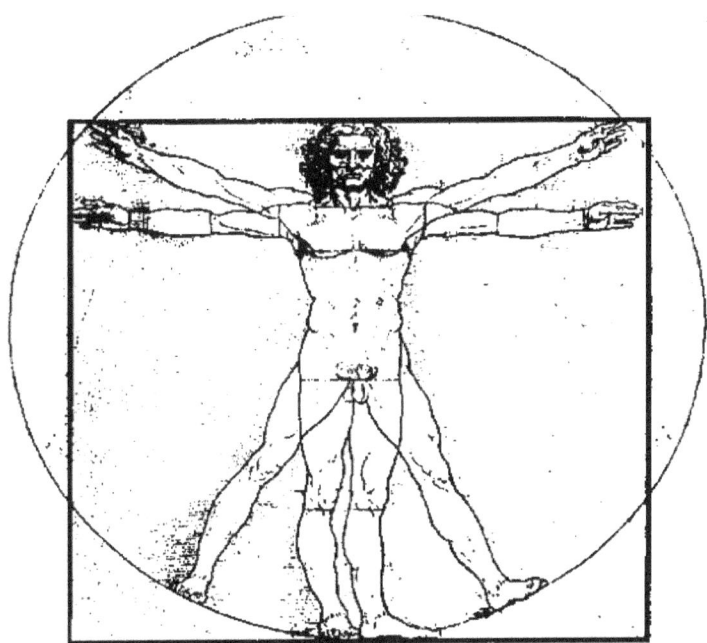

Позвольте себе свободу, чтобы выйти за рамки, которые навязаны нам другими и мешают творчеству.

2. Количество в качество. Если вы когда-то учили философию, то, возможно, не забыли о законе перехода количества в качество.
Помните - все начинается с количества и лишь потом переходит в качество. Нацельтесь на Количество. Генерируйте тонны идей для себя, чтобы прийти чуть позже и разобраться. Нормально, что большинство ваших идей будут полной ерундой и будут напоминать детский лепет на зеленой лужайке. Не расстраивайтесь, это закономерно. Бриллианты появятся позже, а для начала важно удерживать постоянное движение мыслить вперед. С большим количеством идей вы будете иметь, из чего выбирать, что приспособить или объединить.
Творчество - это искусство создать роман из идей или вещей, которые уже существуют с помощью объединения, улучшения или нового подхода к старой истории.

3. Будьте Игривым. Расслабленное и игривое отношение к творчеству генерирует массу свежих идей. Сдерживайте ваш логический ум, левостороннее полушарие мозга, отвечающее за «правильность», надо отключить. Играйте и будьте раскованны. Забудьте об осторожности. Это территория игры. Будьте ребенком.

4. Верьте, что все имеет решение. Оптимистичная позиция всегда приносит положительный результат.
Не решаемых проблем не существует. Наверняка ее уже решили. Вам просто остается найти и сформулировать ответ.

5. Не бойтесь ошибок. Экспериментируйте. Томас Эдисон попробовал 1800 вещей для нити лампы накаливания. И у него получилось! Страх - это главное, что может препятствовать вашему творчеству. Вместо оценки неудачных попыток негативно, думайте о том, чему они научили вас. Эти ошибки - закономерная часть пройденного пути.

Не ошибается только тот, кто ничего не делает. :)

***

Таблица с оценкой программ для писателей

На сайте http://hubpages.com/ была проведена независимая экспертиза программ для писателей. Вот ее результат.

Программа	Цена	Окончательный результат (количество очков)	Независимый подсчет очков
yWriter 5	Free	39	24
Google Docs	Free	31	17
StoryBox	$35	27	22
RoughDraft	Free	33	20
WriteWay Pro 1.9	$25	16	14
TreeDBNotes	Free	35	20
Celtx	Free	24	17
Liquid Story Binder XE	$27	27	20
NewNovelist 3	$50	27	24
WriteItNow 4	$60	22	21
MyNovel 3.0	$35	24	19
Book Writer 4	$67	12	14
Page Four	$35	26	20
OpenOffice Writer	Free	34	15
Power Writer	$100	11	19
Microsoft Word	$140	3	15

Как видите, программа yWriter 5 набрала максимальное количество очков. Количество очков набранных программой зависело от многих факторов. От операционных систем в которых могли работать программы, от стоимости, от наличия тех или иных функций в программе. О том, как выбирались критерии оценки можно увидеть на страничке:

http://hubpages.com/hub/5-Best-Writing-Software-Programs-for-Windows

* * *

Программы для писателей

Здесь приведен лишь небольшой перечень программ для писателей и краткое их описание.

Bookwriter
Текстовый редактор-органайзер для писателей. Разбиение текста на главы и сцены, возможность переставлять эпизоды в произвольном порядке и ещё множество полезных функций, облегчающих работу с крупным произведением.
4,36 Mb, язык интерфейса английский.

Celtx
- программа, предназначенная для писателей-романистов, сценаристов, драматургов, комиксописателей, мультипликаторов. По этому здесь реализована полноценная поддержка мультимедийного контента -вы сможете не только

структурировать произведение, но так же добавлять видео, аудио и графические файлы, которые вам потребуются для работы над проектом. Например, можно снабдить всех ключевых персонажей найденными (или нарисованными) характерными иллюстрациями, добавить музыкальные композиции, ассоциирующиеся у вас с теми или иными сюжетными событиями и много чего еще в том же духе. Основным минусом программы является неудобство интерфейса для тех, кто привык работать только с текстовыми программами типа "Word". Ибо здесь авторы ориентировались на традиционную структуру программ по обработке видео/аудио материалов.

Dramatica Pro
- программа для продуктивной работы с которым требуется серьезное обучение. Очень мощный редактор, охватывающий практически все аспекты создания рукописи. Подробная планировка и пошаговое руководство. На английском языке. В основу предлагаемой системы представления и анализа драматической основы произведения положена достаточно сложная теория, описанная в прилагаемом учебнике. В связи с тем, что как сама теория драматики, так и программный интерфейс исключительно англоязычны, а используемая терминология не имеет аналогов не только в русском, но порой и в английском, использование этого пакета в реальной работе сопряжено с серьезными затруднениями. Судя по отзывам, и англоязычные авторы используют "Драматику" в основном как инструмент для анализа уже написанного произведения, но в сети имеется статья Джеймса Халла, которая объясняет, как использовать этот пакет и для креатива. Коммерческий пакет ценой $210.

Fresh Eye
- "Свежий взгляд" - отыскивает расположенные близко по тексту фонетически и морфологически сходные слова, чей параллелизм никак не мотивирован (так называемая паронимия, или "нечаянная тавтология"), ищет неблагозвучные сочетания букв, повторы слов и слогов, позволяя существенно улучшить звучание текста. Кроме того, «Свежий взгляд» подсчитывает число повторений каждого слова, так что вы легко сможете избежать частого

использования одних и тех же эпитетов и убрать из текста слова-паразиты- крайне полезная штука для писателей.

GoldenSection Notes
- это компактная и легкая в использовании записная книжка, способная хранить разнообразную текстовую и графическую информацию в удобной и наглядной древовидной форме, очень удобна для писателей. GoldenSection Notes прекрасно подходит для хранения любой информации, такой как заметки, статьи, рецепты, цитаты, Web-адреса, картинки и даже целых страниц из Интернет.

Liquid Story Binder XE
-это текстовый редактор, созданный специально для профессиональных и начинающих поэтов, писателей и новеллистов.   Основные возможности Liquid Story Binder: многооконная конфигурация, проверка орфографии, словарь, ссылки, таймлайн. А еще: границы рассказа, наброски содержания, досье, запись аудио, галерея изображений, форматирование манускриптов, подсчет времени и слов. Инструменты для резервное копирование книг и глав, расстановка параграфов и пунктуации, шаблоны. А так же легкая установка, глобальный поиск, визуализация повторов, внешнее редактирование, цели проекта, плэйлисты. Программа поддерживает русский язык.

Momentum Writer
- любопытный редактор для писателей, своеобразный "эмулятор" пишущей машинки.
Полностью запрещена редакция текста, нельзя ни удалить, ни вернуться назад, ни исправить опечатку. Только вперед! Для чего надо так печатать? Для того чтобы не тратить времени на исправление ошибок, чтобы не терять мысль, чтобы научиться не бояться ошибок. Вперед, и *только вперед*! К новым победам! К новым результатам!

RoughDraft
-(Rough Draft на английском обозначает - набросок, черновик), это бесплатный текстовый процессор для писателей с широким набором функций и небольшим

размером дистрибутива. Помимо обычных для того рода программ опций, RoughDraft содержит ряд возможностей специально созданных для написания стихов, коротких историй, статей, пьес и сценариев.если вы создаете текстовые документы без таблиц и иллюстраций; почему бы не присмотреться к данному приложению повнимательнее? Текстовый процессор работает под *Windows* 95, 98, ME, NT, 2000 и XP.

StoryBook
- бесплатный текстовый процессор для написания романов и других художественных произведений. Программа позволяет сортировать эпизоды (сцены) романа по внутренней хронологии и сюжетным линиям. Storybook написан на Java и использует встроенную базу данных, хранящую все изменения по ходу их выполнения. Имеет русскоязычный интерфейс. На сегодня является единственным конкурентом для yWriter. По сравнению с последним имеет меньше функций, ноэто компенсируется удобством и устойчивостью. Главным достоинством является удобство и наглядность при работе с временными рядами. Проект активно развивается, так что можно надеяться, что он станет более функционален в ближайшее время. Поддерживает проверку орфографии на английском, русском, немецком, французском, испанском и итальянском.

Storymind
- предлагает вам подробный план создания рукописи. Творческий процесс разбивается на множество ключевых пунктов (создание идеи, поиск дыр в идее, создание персонажей и т.д.), и по каждому пункту программа выдаст подробнейшую инструкцию (на английском языке).
Sonar3 бесплатная программа трекер, позволяющая отследить перемещения вашей рукописи по издательствам. Кроме того, здесь можно вести собственный каталог издательств, снабжая его пометками кому какие произведения более по нраву и что и когда куда было отослано.
MS Word

Word Tabulator
- позволяет получить статистику не только слов, но и словосочетаний. Очень полезна для зачистки текста от похожих и одинаковых выражений, которые "замыленный" глаз перестает замечать.

Writer's Cafe
- программа с удобным интерфейсом, созданная специально для писателей.
Правую половину экрана занимает рабочий стол с иконами, что позволяет быстро ориентироваться. Это сокращает время работы с программой до минимума и позволяет с ней работать даже тем, кто с компьютером на "вы".
Есть в наличии разные приятные мелочи типа "скрепок", генератора имен персонажей (английских), сохранения запасной копии проекта и много чего еще в том же роде.
Но одна серьезная проблема сводит все на нет: русского она не знает и знать не хочет.

Newnovelist
-авторы программы проанализировав пятьдесят тысяч лучших произведений мировой литературы– разработали новый метод создания романа. Программа подсказывает, как на основе мирового опыта лучше построить правильный сюжет произведения, который наверняка заинтересует читателя.

yWriter5
- текстовый процессор и настоящая литературная мастерская. Одна из лучших программ для тех, кто только начинает работать над книгой. Помимо того, что здесь есть основной набор функций, так же имеет место быть неплохая русификация и встроенная поддержка русского языка.

Xmind
- бесплатная программа "мозгового штурма". Это не специализированный писательский софт, ноXMind очень удобен для наглядного представления слабо структурируемых даных, он просто неоценим на этапе замысла и сбора материалов. Полная версия позволяет экспортировать проект

во множество текстовых форматов и обойдется "напрокат" в $49 за год.

Character Pro
- генератор персонажей. Вносите базовые характеристики персонажа, и программа выдает подробный психологический портрет, подсказывает, как герой отреагирует на различные стрессовые ситуации. К сожалению, программа на английском языке.

Name Gen
- генератор фэнтези-имен.
Выдает случайное имя по заданным параметрам - количество слогов, прозвище, сложность. Если вы не знаете, как назвать сотню второстепенных персонажей в вашем фэнтези-эпопее, NameGen поможет!

Rhymes
- генератор рифм. Эта программа - мечта юного поэта-графомана. Стихи можно клепать с умопомрачительной скоростью!) Ну а если серьезно - очень удобный генератор рифм. Слова можно отфильтровать по части речи, количеству слогов и степени рифмованности. Так же в Rhymes встроен словарик синонимов, правда, довольно скудный.

Теперь о некоторых терминах применяющихся в этой книге.

Программа-ассистент литератора
(англ. novel-writing application) - инструмент писателя позволяют работать с набором текстов будущего произведения художественной литературы как с проектом, поддерживая связь фрагментов-сцен в хронологическом порядке или по сюжетным линиям. Также поддерживают ведение вспомогательных баз данных, например для персонажей.

Текстовый процессор
- вид прикладной компьютерной программы, предназначенной для производства (включая набор, редактирование, форматирование, иногда печать) любого вида печатной информации. Иногда текстовый процессор называют

текстовым редактором второго рода. Текстовыми процессорами в 1970-е - 1980-е годы называли предназначенные для набора и печати текстов машины индивидуального и офисного использования, состоящие из клавиатуры, встроенного компьютера для простейшего редактирования текста, а также электрического печатного устройства. Позднее наименование «текстовый процессор» стало использоваться для компьютерных программ, предназначенных для аналогичного использования. Текстовые процессоры, в отличие от текстовых редакторов, имеют больше возможностей для форматирования текста, внедрения в него графики, формул, таблиц и других объектов. Поэтому они могут быть использованы не только для набора текстов, но и для создания различного рода документов, в том числе официальных. Наиболее известным примером текстового процессора является Microsoft Word.

Синопсис
- это сокращенное содержание вашего произведения. В нём описывается общий ход событий вашего повествования. Очень многие издательства требуют вместе с рукописью романа предоставить и синопсис. Описание событий дается в повествовательной форме, в настоящем времени.

Таймлайн
с помощью функции Timeline вы можете корректировать уже записанные шаги и создавать новые, с интересными переходами. И все это именно в тот промежуток времени, который вам необходим. Это позволяет менять повествование — быстро и легко!

***

Оглавление

ВВЕДЕНИЕ 4

ВРЕМЯ ФАНТАСТИЧЕСКИХ ВОЗМОЖНОСТЕЙ. 5

ДОЛОЙ MS WORD? 8

ВОЛШЕБНИК – YWRITER 5 10

ДОБРО ПОЖАЛОВАТЬ В YWRITER! 11

КАЧАЕМ И УСТАНАВЛИВАЕМ! 15

КАК РАБОТАТЬ С НОВЫМ ПРОЕКТОМ 18

СОЗДАЕМ ИДЕАЛЬНЫЙ ТЕКСТ. 23

БЫСТРЫЙ СТАРТ И МАЛЕНЬКИЕ ХИТРОСТИ. 31

WORD В ПОМОЩЬ. 36

ФИЛЬТРУЙ БАЗАР. 39

ВСЕ ЧТО НУЖНО, БЕЗ ХЛОПОТ, ЗАПИШУ-КА Я В БЛОКНОТ. 43

МАСТЕР АВТО-АРХИВИРОВАНИЯ 47

РАЗДЕЛЯЙ И ВЛАСТВУЙ. 52

КОЛОБОК. 54

ГЛУБИННЫЕ НАСТРОЙКИ 59

Крупномасштабная структура сцены
Тип сцены.
Три точки зрения.
Второстепенный, но не лишний.
Степень готовности сцен.

СИНОПСИС И БОРЬБА С КРАКОЗЯБРАМИ. **71**

ПРИЛОЖЕНИЕ 77

ГЕНЕРАТОР ИДЕЙ. 78

ТАБЛИЦА С ОЦЕНКОЙ ПРОГРАММ ДЛЯ ПИСАТЕЛЕЙ 81

ПРОГРАММЫ ДЛЯ ПИСАТЕЛЕЙ 82

www.ingramcontent.com/pod-product-compliance
Lightning Source LLC
Chambersburg PA
CBHW072229170526
45158CB00002BA/821